BLUMEN & GARTEN

PFLANZENPORTRAIT

BLUMEN & GARTEN

PFLANZENPORTRAIT

Monika Becker

Wildrosen

Mosaik Verlag

Zeichnungen: Christine Mills
Redaktion: Verlagsbüro Kopp, München
Herstellung und Layout: Martin Strohkendl, München
Umschlaggestaltung: Tatjana Schmid

Abb. S. 2/3: Rosa gallica 'Empress Joséphine' hat auffallend große, rosa, besonders schöne und einfache Blüten mit herzförmigen Blütenblättern.
Abb. Umschlagvorderseite: Rosa canina

Die Autorin bedankt sich bei Volker Henning für die kritische Durchsicht ihres Manuskriptes und bei allen anderen, die sie auf irgendeine Weise bei Ihrer Arbeit unterstützt haben.

Der Mosaik Verlag ist ein Unternehmen
der Verlagsgruppe Bertelsmann

Satz: Filmsatz Schröter GmbH, München
Reproduktion: Arti Litho, Trento
Druck und Bindung: Alcione, Trento
Printed in Italy · ISBN 3-576-01098-1

Inhalt

Vorwort

Mit dem wachsenden Bewußtsein für alles Ursprüngliche und Naturnahe erfreuen sich auch Wildrosen heute zunehmender Beliebtheit bei den Rosenfreunden. Wildrosen und viele ihrer Sorten stellen an Standort und Pflege weit weniger Ansprüche als die meisten modernen Edelrosen. Darüber hinaus sind sie zur Freude der Rosenbesitzer in der Regel ausgesprochen widerstandsfähig und robust. Mit ihren schlichten Blüten, den häufig so zahlreichen und farbenfrohen Hagebutten sowie ihrem ungezwungenen, offenen Wuchs gelingt es den Wildrosen auf besonders harmonische Weise, Schönheit und natürliche Unverfälschtheit in sich zu vereinen.
Das vorliegende Buch will Ihnen Wildrosenarten und -sorten in ihrer Einzigartigkeit näherbringen. Neben Anleitungen zu Kauf, Pflanzung und Pflege enthält es viele Anregungen, wie Wildrosen und ihre Sorten in den Garten einbezogen werden können. Des weiteren stellt es anhand von Fotos und ausführlichen Beschreibungen über fünfzig besonders schöne Wildrosenarten und -sorten vor.

Die rosaroten, einfachen Blüten der robusten Rosa rugosa verbreiten einen leichten, angenehmen Duft.

WILDROSEN-ARTEN UND -SORTEN IM ÜBERBLICK

Das erste Kapitel dieses Buches führt in die Welt der Wildrosen ein. Es erläutert, was man unter Wildrosen versteht, wo sie herstammen, ihre typischen Eigenschaften und welche Bedeutung sie für die Entwicklung heutiger Gartenrosen besitzen. Darüber hinaus sollen Ihnen die kurzen Beschreibungen einen ersten Eindruck von der Formenvielfalt und Schönheit der Wildrosen und ihrer zahlreichen Sorten vermitteln.

Die einfachen, zierlichen Blüten der Rosa pimpinellifolia schimmern weiß bis gelblich. Leider duften sie nicht.

DER BEGRIFF »WILDROSEN«

Rosa gallica var. officinalis (Apothekerrose) mit ihren hell karminroten Blüten ist in ihrer Blütezeit ein Schmuckstück für jeden Garten.

Bei den »Wildrosen« handelt es sich um Rosenarten, die auch in freier Natur vorkommen. Sie haben sich ohne menschliches Zutun entwickelt und verbreitet. Wildrosen, die es seit etwa 25 Millionen Jahren auf der Erde gibt, sind die Vorfahren sämtlicher Rosenzüchtungen und demzufolge die Ahnen aller heutigen Kulturrosen. Aufgrund zahlreicher Eigenschaften (Frosthärte, Widerstandskraft gegen Krankheiten und Schädlinge, Blüh- und Wuchscharakteristika) werden sie auch heute immer noch zu Züchtungszwecken herangezogen. Insgesamt kennt man – stark schwankenden Angaben nach – zwischen 100 und 200 verschiedene Rosenarten.

Das natürliche Verbreitungsgebiet der Wildrosen umfaßt die gemäßigten bis subtropischen Klimazonen der nördlichen Halbkugel – also in etwa das Gebiet zwischen dem 20. und dem 70. Breitengrad – und schließt somit große Teile Nordamerikas, Europas und Asiens ein. Während etwa 85 Prozent der heute bekannten Wildrosenarten aus dem Fernen Osten stammen, sind nur etwa 10 Prozent in Europa und die restlichen 5 Prozent in Nordamerika heimisch. Die ursprünglichen Verbreitungsräume der Wildrosen haben sich mittlerweile sehr stark ausgedehnt. Vor allem in den letzten 150 Jahren brachten Rosenliebhaber und Forscher von ihren Reisen zahlreiche Wildrosen mit nach Hause und erweiterten durch ihre Sammlerleidenschaft die Verbreitungsgebiete der Wildrosen erheblich. Denn die meisten Wildrosen gedeihen nicht nur in ihren ursprünglichen Heimatregionen, sondern auch in Gebieten, in denen sie von Natur aus nicht vorkommen. Wegen ihrer großen Anpassungsfähigkeit sind manche Wildrosen heute auch in Gebieten verwildert anzutreffen, in die sie erst durch Menschenhand eingeführt wurden wie z.B. *Rosa rugosa* (Kartoffelrose) in Skandinavien, West- und Mitteleuropa und *Rosa foetida* (Fuchsrose) in Mittel- und Südeuropa.

Der Name »Wildrose« mag übrigens als ein Hinweis auf die natürlichen Standorte dieser Rosen verstanden werden. In unseren Breiten siedeln sich die Wildrosen mit Vorliebe in trockenen Tälern, an Waldrändern und steinigen Hängen sowie vielerorts auch in Hecken an. Die Wahl gerade dieser Standorte mit ihren häufig recht kargen Böden zeugt von der typischen Anspruchslosigkeit und Schlichtheit der Wildrosen, die sie von den Kulturrosen unterscheidet. Aber gerade diese Einfachheit und Harmonie der Sträucher mit ihrem urwüchsigen Habitus und der ursprünglichen Schönheit von Blüten und Hagebutten machen für viele Rosenliebhaber den Reiz der Wildrosen aus.

Die große Formenvielfalt der Wildrosen ist z.T. auf ihre Standorte zurückzuführen. Im Gebirge finden wir in der Regel kleinere Wuchsformen, während an feuchten, schattigen Standorten Rosensträucher mit auffallend großen Blättern und langen Trieben anzutreffen sind. Normalerweise wachsen Wildrosen zu unterschiedlich großen und dichten, teilweise auch kletternden Büschen heran, deren ältere Triebe sich mit der Zeit herabneigen. Die Triebe sind in den meisten Fällen von verschieden geformten Stacheln (nicht Dornen!) und Borsten bekleidet. Mit Hilfe dieser Stacheln gelingt es den kletternden Wildrosen, an Pflanzen oder anderen »Gerüsten« Halt zu finden und sich in größere Höhen emporzuhangeln. Die Laubblätter sind normalerweise zusammengesetzt und unpaarig gefiedert, d. h. jedes Blatt setzt sich aus einer ungeraden Anzahl von Fiederblättchen zusammen. Die einzige Ausnahme bildet *Rosa persica*, denn sie besitzt einfache Blätter. Die Mehrzahl der Wildrosen verfügt über 7 bis 9 Fiederblätter, während amerikanische Wildrosenarten oftmals nur 3, einige asiatische Arten hingegen 13 bis 19 Blättchen aufweisen. Ein weiteres Kennzeichnen nahezu aller Wildrosen sind ihre schlichten Blüten, die meist aus einem einzigen Kreis von 5 Blütenblättern bestehen (bei *Rosa sericea* und ihren Formen nur 4). Diese Blüten stehen entweder einzeln oder aber sind zu mehreren in Blütenständen zusammengefaßt. Bei einigen Wildrosenarten entstehen auf diese Weise auch doldenartige Blütenstände. Die einfachen Wildrosenblüten zieren häufig dekorative Staubbeutel, deren Farbspektrum von Weiß über Goldgelb bis hin zu Braunrot reicht. Ein auffälliger Schmuck vieler Wildrosensträucher sind ihre Früchte, die Hagebutten. Sie werden in unterschiedlichsten Farbtönen und Formen ab Sommer an den Büschen ausgebildet und können darüber hinaus entweder kahl oder mit Stieldrüsen bzw. Stachelborsten besetzt sein. Aus botanischer Sicht handelt es sich bei den Hagebutten um Scheinfrüchte, die sich aus einem Kelchbecher entwickeln. Die Hagebutte enthält meist zahlreiche Samen (botanisch exakt Nüßchen), die meist gelb gefärbt sind. Ausnahmen bilden die kastanienbraunen Nüßchen der *Rosa hugonis* und *Rosa roxburghii*. Zahl und Größe der Samen schwanken stark. So enthalten die großen Hagebutten der *Rosa moyesii* 4–6 sehr große Nüßchen. Bis zu 100 Nüßchen mittlerer Größe finden sich in der Frucht von *Rosa rugosa*. Während die Früchte bei einigen Wildrosenarten schon kurze Zeit nach ihrer Reife von den Sträuchern abfallen, bleiben sie z. B. bei *Rosa villosa* (Apfelrose) bis zum nächsten Frühjahr an den Sträuchern hängen. Die Hagebutten vieler Wildrosenarten besitzen nicht nur Zierwert, sondern sind auch aufgrund ihres hohen Vitamin C-Gehaltes und des großen Fruchtfleischanteils von kulinarischer und heilmedizinischer Bedeutung. Zu den Wildrosenarten mit hohem Vitamin C-Gehalt gehören u. a. *Rosa acicularis* (Nadelrose), *Rosa blanda* (Labrador-Rose), *Rosa pendulina* (Alpenheckenrose), *Rosa rugosa* und *Rosa villosa*.

Die dunkelrosa- bis purpurfarbenen, leicht duftenden Blüten der Rosa pendulina erscheinen einzeln oder in Gruppen bis zu fünf Blüten.

EUROPÄISCHE WILDROSEN

Neben dekorativem Laub- und Astwerk verfügt die Rosa glauca über zahlreiche, kleine, karminrosa Blüten mit schmalen Blütenblättern.

Die flachkugeligen Hagebutten der Rosa rugosa haben einen hohen Vitamin C-Gehalt und lassen sich gut verwerten.

Dieser Abschnitt soll einen Überblick über Wildrosen verschaffen, die auch bei uns in Deutschland und in weiteren europäischen Ländern beheimatet sind. Im Gegensatz dazu stehen diejenigen Rosen, die vorwiegend aus anderen Ländern und Kontinenten stammen und im Abschnitt »Wildrosen anderer Herkunft« behandelt werden. In den entsprechenden Übersichtstabellen ist jeweils eine Auswahl besonders schöner und bekannter Wildrosen zu finden.

Die europäischen Wildrosen zeigen einige typische Merkmale, die sie von den Wildrosen aus anderen Ursprungsgebieten unterscheiden. Wie die nordamerikanischen Wildrosen, so blühen auch die europäischen Wildrosen nur einmal im Jahr. Das Farbspektrum ihrer Blüten reicht von Weiß über Rosa bis hin zu Purpur, ausgesprochene Gelb- und Rottöne findet man in den Blüten europäischer Wildrosen nicht. Ein weiteres Unterscheidungsmerkmal ist die Form der Blütenstände. Im Regelfall bilden europäische Wildrosen einzelnstehende Blüten oder aber Blütenstände, die sich nur aus sehr wenigen Blüten zusammensetzen. Im Vergleich dazu haben vor allem asiatische Wildrosen häufig Blütenstände mit einer großen Anzahl von Blüten.

In unseren Breiten sind Wildrosen vorwiegend an den folgenden, für sie typischen Standorten anzutreffen: Waldränder, Hecken, lichte Laubwälder, Wiesen, Gebüsche, felsige Hänge, buschige Ufer und Auenwälder. Wer mit offenen Augen durch die Natur geht, hat mit Sicherheit schon einmal eine Wildrose an ihrem natürlichen Standort entdecken und bewundern können. Eine der bekanntesten und am weitesten verbreiteten, einheimischen Wildrosen ist *Rosa canina* (Hundsrose), die häufig als der »Urtyp unserer Rosen« bezeichnet wird. Wie viele andere Wildrosenarten, so ist auch die Hundsrose eine sehr formenreiche Rosenart, von der bis heute mindestens 60 Varietäten und Formen bekannt sind. Im Vergleich zu anderen Wildrosen wurde sie relativ wenig zur Kreuzung mit Gartenrosen herangezogen. Dennoch hat die Art für die Anzucht heutiger Kulturrosen große Bedeutung erlangt, da einige ihrer Hybriden zu den wichtigsten Veredelungsunterlagen gehören.

Eine ebenfalls sehr formenreiche Rosenart ist *Rosa pimpinellifolia* (Bibernellrose, Dünenrose), die in großen Teilen Europas und Zentralasiens beheimatet ist. Ihr zweiter deutscher Name weist darauf hin, daß man sie häufig an Meeresküsten antrifft. Seit mehr als 400 Jahren wird sie in Europa kultiviert, seit Beginn des 19. Jahrhunderts gibt es von ihr zahlreiche neue Sorten (siehe dazu auch Abschnitt »Wildrosenhybriden und -sorten«).

Zu den europäischen Wildrosen zählt auch *Rosa glauca* (Hecht- oder Rotblättrige Rose), deren natürliche Verbreitungsgebiete vor allem die südeuropäischen Gebirge sind: die Pyrenäen, die Karpaten, der nördliche Apennin, die Gebirge Serbiens, Dalmatiens und Montenegros, die Alpen sowie das Jura und die Vogesen. In diesen Gebirgsregionen findet man *Rosa glauca,* die auch *Rosa rubrifolia* genannt wird, bis in eine Höhe von 2000 m. Der bis 3 m hohe, dekorative Strauch mit den bläulich bereiften oder rötlich angelaufenen Zweigen und Trieben, dem rötlichen Laub und zahlreichen Früchten im Herbst wird gerne auch in öffentlichen Parks und Grünanlagen angepflanzt.

Eine weitere Wildrosenart, die sich hauptsächlich in Gebirgen angesiedelt hat, ist *Rosa pendulina* (Alpen- oder Alpenhekkenrose). Die Heimat dieser oftmals stachellosen Wildrose sind die Gebirge Mittel- und Südeuropas, die Pyrenäen und Alpen, der Appenin sowie im Osten die Karpaten und das Riesengebirge. Als einzige Rose ist *Rosa pendulina* in den Alpen auch noch in 2500 m Höhe anzutreffen. Während sie an solchen Gebirgsstandorten nur etwa 50 cm groß wird, so wächst sie im Flachland zu ansehnlichen Sträuchern von 2 m Höhe und mehr heran.

Rosa rubiginosa (Weinrose, Schottische Zaunrose) ist eine Wildrosenart, die in ganz Europa bis zu 61° nördlicher Breite zu finden ist. Neben der ungewöhnlich starken Bestachelung der Rosentriebe ist das wohl hervorstechendste Merkmal dieser Wildrose der starke, apfelähnliche Duft ihrer Laubblätter. Dieser Duft entfaltet sich sowohl beim Zerreiben der Blätter als auch besonders gut in feuchtwarmer Luft (zum Beispiel nach einem Sommerregen).

Für Rosa tomentosa sind die oberseits behaarten, unterseits filzigen Blätter. Die blaßrosa oder weißen Blüten erscheinen im Juni/Juli.

Rosa tomentosa (Filzrose) ist ebenfalls in großen Teilen Europas heimisch. In Deutschland wächst sie vorwiegend im Flachland und in Juragebieten. Aufgrund des hohen Vitamin C-Gehaltes ihrer Hagebutten wurde die Filzrose früher bei uns viel kultiviert.

Der hohe Vitamin C-Gehalt der Hagebutten war auch ein Grund für die In-Kulturnahme der *Rosa villosa* (Apfelrose). Diese Wildrose ist in den Gebirgsländern Europas und Vorderasiens beheimatet und kommt in Deutschland nur noch im Alpenraum wild vor. Im Herbst fällt sie durch ihre großen, leuchtend roten Hagebutten ins Auge, unter deren Last sich die Zweige der Sträucher regelrecht zu Boden neigen.

Als letzte Wildrosenart soll an dieser Stelle *Rosa gallica* (Essigrose, Gallische Rose) genannt werden. Sie ist eine der anspruchslosesten europäischen Wildrosen, die auch auf nährstoffarmen Böden gedeiht. Sie zählt zu den ältesten Kulturrosen und wird seit vielen Jahrhunderten zur Duftstoff-Herstellung benutzt. Während der ersten Hälfte des 19. Jahrhunderts sollen über 1000 Sorten in Kultur gewesen sein. Kaiserin Joséphine hatte 1811 in Malmaison bereits 167 Gallica-Sorten!

WILDROSEN NICHT-EUROPÄISCHER HERKUNFT

Neben den in Europa heimischen Wildrosen befinden sich bei uns seit mehreren Jahrhunderten auch solche Wildrosen in Kultur, die ursprünglich aus anderen Teilen der Welt stammen. An dieser Stelle sollen Wildrosen vorgestellt werden, deren Heimat in Asien, Nordamerika und Nordafrika liegt.

Rosa californica bildet dichtbuschige Sträucher aus. Ab Ende Juni erscheinen in großer Fülle die Blüten in einem warmen Rosaton.

Die in Asien angestammten Wildrosen machen den weitaus größten Anteil unter den heute bekannten Wildrosen aus. Asien wird seit jeher als Urheimat der Rosen angesehen, wobei West-China und der Himalaya als das Zentrum der Gattung *Rosa* schlechthin gelten. Die Vielfältigkeit der asiatischen Wildrosen ist überaus groß: Neben der Vorfahrin unserer Miniaturrosen – *Rosa chinensis* 'Minima' aus China – und der größten Rose der Welt, *Rosa gigantea* (in China bis 30 m hoch wachsend), finden sich unter ihnen z. B. auch die zweifarbige Rose *Rosa foetida* 'Bicolor' (Kapuzinerrose) sowie vielblütige und echt gelbblühende Wildrosenarten. Zudem gehören einige mehrmals blühende Arten *(Rosa rugosa, Rosa chinensis)* sowie nahezu alle Kletterrosen zu den asiatischen Wildrosen. Die natürlichen Standorte asiatischer Wildrosen variieren dabei mindestens ebenso stark wie die der Wildrosen anderer Herkunft: Sie wachsen vorwiegend in Niederungen, sind aber auch an Meeresküsten wie auf Hochebenen anzutreffen, wobei einige von ihnen sogar bis fast zur Schneegrenze vordringen.

Seit Anfang des 19. Jahrhunderts sind auch in unseren Breiten viele der asiatischen Wildrosenarten in Kultur, sie wurden und werden immer noch sehr häufig zu Züchtungszwecken verwendet und haben somit großen Einfluß auf die Geschichte der Rosenzüchtung gewonnen. Für die Züchtung neuerer Kletterrosen werden etwa seit Ende des vergangenen Jahrhunderts die beiden aus Japan und Korea stammenden Wildrosenarten *Rosa multiflora* (Vielblütige Rose) und *Rosa wichuraiana* (Halbimmergrüne Kletterrose) bzw. deren Abkömmlinge benutzt. *Rosa rugosa* (Kartoffelrose), eine weitere für die Rosenzüchtung bedeutsame Wildrosenart, stammt aus Japan, Korea und Nord-China. In Europa ist diese überaus robuste Wildrosenart seit 1796 in Kultur. Seit dem Ende des vorigen Jahrhunderts dient sie z. B. in Deutschland, Frankreich und den USA als Kreuzungspartnerin bei der Züchtung neuer und sehr verschiedener Rosensorten. Der Name dieser ausdauernd blühenden Rose läßt sich übrigens auf ihr derbes, runzeliges Laub zurückführen, das dem Laub von Kartoffeln ähnelt (lat.: *rugosa* = runzelig).

Aus West-China wurde um die Jahrhundertwende *Rosa moyesii* (Mandarin-Rose), eine sehr schöne Wildrosenart mit auffälligen, tiefroten Blüten eingeführt. Mittlerweile ist sie mit vielen Formen und Sorten, wie zum Beispiel 'Geranium', 'Highdownensis' und 'Nevada', in unseren Parks und Gärten zu finden. Ebenfalls aus China stammt die *Rosa chinensis* (Chinesische oder Bengal-Rose). Eine in freier Natur ausgebildete Varietät dieser Wildrosenart, die *Rosa chinensis* var. *semperflorens*, wurde 1789 nach England eingeführt, wo man bis zu diesem Zeitpunkt keine Rosensorte mit derart tiefroten Blüten kannte. Nach ihrer Einführung wurde die *Rosa chinensis* var. *semperflorens* vielfach von Rosenzüchtern zur Schaffung neuer Rosensorten herangezogen. Letztlich stammen fast alle dunkelroten Rosensorten von ihr ab. Doch nicht nur wegen ihrer Blütenfarbe war diese Sorte bei den Züchtern so begehrt

Die Rose 'Marguerite Hilling' ist eine rosafarbene Mutation der Rosa moyesii und wurde 1959 in den Handel gebracht.

sondern auch aufgrund ihrer langanhaltenden Blütezeit, die sie – wie auch die Urform *Rosa chinensis* – auf viele heutige Kulturrosen übertragen hat. Von züchterischer Bedeutung waren in der Vergangenheit auch einige der gelbblühenden asiatischen Wildrosenarten. Zu diesen gelbblühenden Arten zählen u. a. die kleinwüchsige *Rosa ecae*, die in Kleinasien, Persien, Afghanistan und im Himalaya heimische *Rosa foetida* (Fuchsrose), *Rosa hugonis* (Chinesische Goldrose) sowie *Rosa primula* und *Rosa xanthina* die halb oder vollständig gefüllte, goldgelbe Blüten besitzt. Eine Kuriosität unter den asiatischen Wildrosen ist *Rosa roxburghii* (Kastanienfrüchtige Rose), die aus China stammt und im Jahre 1824 nach England gebracht wurde. Auffällig an dieser Wildrosenart ist die graue, alljährlich abblätternde Rinde an den älteren Trieben sowie die stacheligen, flachen, grünen Früchte, die in Form und Farbe an kleine Kastanien erinnern – daher auch ihr deutscher Name.

Rosa nutkana wächst locker und offen bis 2 m hoch und trägt im Juni/Juli lilarosa Blüten.

Auf dem amerikanischen Kontinent sind etwa 20 verschiedene, in der Regel einmalblühende Wildrosenarten heimisch. Das von ihnen ursprünglich besiedelte Gebiet umfaßt große Teile der USA und Kanadas und reicht im Süden sogar bis nach Mexiko. Von dort stammt allerdings nur eine einzige Wildrosenart, die *Rosa montezumae*.
Wildrosen aus Nordamerika sind in Deutschland etwa seit dem 18. Jahrhundert bekannt. Man vermutet, daß deutsche Soldaten einige dieser Rosen bei ihrer Rückkehr aus den amerikanischen Unabhängigkeitskriegen mitgebracht haben. Einer dieser Wildrosen, der *Rosa acicularis* (Nadelrose), gebührt besondere Erwähnung. Denn sie ist als Rosenart sowohl im Norden Amerikas und Asiens als auch Europas heimisch. Zudem ist sie die einzige Wildrosenart, deren Verbreitungsgebiet in den drei genannten Kontinenten den nördlichen Polarkreis überschreitet. *Rosa nutkana* dringt auf dem amerikanischen Kontinent in ähnliche Gebiete vor wie die Nadel-Rose, denn ihre Heimat erstreckt sich von den Küstenregionen Nordkaliforniens bis hoch nach Alaska. Beide Rosen verfügen über eine sehr große Frosthärte, sie wurden jedoch bisher nur wenig zu Züchtungszwecken herangezogen. Eine Wildrose, die der Nadel-Rose sehr ähnelt, aber nur etwa 50 cm groß wird, ist *Rosa arkansana*, die im Zentrum des amerikanischen Kontinents ansässig ist. Im Westen Nordamerikas sind einige weitere Wildrosenarten beheimatet, wie zum Beispiel *Rosa gymnocarpa*, die zu den wenigen schattenverträglichen Wildrosen zählt, *Rosa pisocarpa* (Erbsenfrüchtige Rose) mit ihren kleinen, kugeligen, orangefarbenen Hagebutten und *Rosa californica*, deren natürliches Verbreitungsgebiet – wie ihr Name schon andeutet – auf Kalifornien beschränkt ist.
Im Osten Nordamerikas kommen drei Wildrosenarten vor, die aufgrund ihrer großen Ähnlichkeit sogar in ihrer Heimat

Amerika häufig miteinander verwechselt werden. Es sind dies *Rosa carolina* (Wiesenrose), *Rosa virginiana* (Glanzrose) und *Rosa palustris* (Sumpf-Rose). Letztere ist an ihren natürlichen Standorten stets in Sümpfen anzutreffen und befindet sich relativ selten in Gartenkultur. Der Osten Amerikas ist außerdem die Heimat für die Wildrosenarten *Rosa blanda* (Eschen-Rose) und *Rosa nitida* (Glanzblättrige Rose). Diese bildet viele Ausläufer, ist niedrig im Wuchs und zeichnet sich besonders durch die schöne, rote Herbstfärbung ihres Laubes aus. *Rosa foliolosa*, eine in den Prärien von Texas, Oklahoma und Arkansas heimische Rosenart, ist ebenfalls zierlich im Wuchs, verfügt über schönes, auffallend schmales Laub und gehört zu den spät und langblühenden Wildrosen (Blütezeit Juli/August). Zudem gilt sie als sehr winterhart und widerstandsfähig gegenüber Dürre – was bei ihrer Herkunft keineswegs verwundert! Weitere in Amerika heimische Wildrosen sind in den Übersichtstabellen aufgeführt.

Die wenigen im afrikanischen Kontinent beheimateten Wildrosen stammen aus dem äußersten Nordwesten (Marokko, Algerien, Tunesien) und aus Äthiopien. Zu den nordafrikanischen Wildrosen zählen die auch bei uns ansässigen Wildrosen *Rosa agrestis* (Ackerrose) und *Rosa canina* (Hundsrose), ihre nahe Verwandte *Rosa corymbifera* sowie die kleinwüchsige, rosa blühende *Rosa sicula*. Eine weitere in Nordafrika ansässige Wildrose ist die bis zu 5 m hoch kletternde *Rosa sempervirens* (Immergrüne Rose), die angenehm duftende, weiße Blüten trägt, in unseren Breiten jedoch leider nicht winterhart ist.

Rosa arkansana ist mit 50 cm eine kleinbleibende Wildart und eignet sich auch für Dachgärten.

Zu den nordafrikanischen und auch bei uns ansässigen Wildrosen gehört die weißblühende Rosa agrestis.

WILDROSENHYBRIDEN UND -SORTEN

Rosa x *alba 'Suaveolens', die »Lieblich Duftende« wurde 1889 aus Bulgarien nach Deutschland gebracht.*

Rosa x *pruhoniciana gilt mit ihren fast kastanienroten Blüten als die dunkelste Wildrose.*

In diesem Abschnitt werden einige Rosenarten und -sorten beschrieben, die durch Änderung des Erbmaterials (Mutation) oder aus der Kreuzung (Hybridisation) zwischen verschiedenen Wildrosen bzw. zwischen Wildrosen und Kulturrosen hervorgegangen sind und deshalb häufig auch als »Hybriden« bezeichnet werden. Diese Wildrosenarten und -sorten haben sich entweder in freier Natur ohne Zutun des Menschen gebildet oder aber sind das Ergebnis bewußter menschlicher Züchtungsversuche.

Zu den auf natürliche Weise entstandenen Wildrosenarten zählen auch einige »Alte Rosen«, so zum Beispiel *Rosa* x *alba* (Weiße Rose), *Rosa centifolia* (Zentifolie, Kohlrose) sowie *Rosa* x *damascena* (Damaszenerrose). In den vergangenen Jahrhunderten erfreuten sich diese Rosen und ihre zahlreichen Sorten großer Beliebtheit. Einige dieser an gute alte Zeiten erinnernden Rosensorten, die in der Regel sehr angenehm duften, sind in den Tabellen aufgeführt.

Rosa gallica und *Rosa phoenicia* gelten als die Eltern der afrikanischen Wildrosenhybride *Rosa* x *richardii*. Ihre deutschen Namen »Heilige oder Mumienkranz-Rose« lassen sich darauf zurückführen, daß sie früher als Grabbeigabe bzw. als Schmuck für Mumien in ägyptischen Gräbern gedient hat.

Eine in Europa aus *Rosa pimpinellifolia* (Bibernellrose) und *Rosa pendulina* (Alpenheckenrose) entstandene Wildrosenart ist *Rosa* x *reversa*. Ihre Besonderheiten sind purpurfarbene Triebe, rötlichweiße Blüten sowie ein intensiv dunkelroter Fruchtbehang. Eine Wildrosenhybride mit tief rotbrauner Blütenfarbe ist *Rosa* x *pruhoniciana*. Sie wurde 1924 durch die Kreuzung der asiatischen Wildrosen *Rosa moyesii* und *Rosa willmottiae* (Mrs. Willmott's Rose) in Pruhonitz erzielt. Auch *Rosa* x *spaethiana*, eine Hybride aus *Rosa palustris* und *Rosa rugosa*, verfügt über eine ungewöhnliche Blütenfarbe: ein lebhaftes Purpurrot. Ihre halbgefüllten Blüten erscheinen stets zu mehreren zusammensitzend an den rottriebigen Sträuchern, die im Herbst viele scharlachrote Hagebutten tragen. Erst im Spätherbst und Winter reifen die Hagebutten der Wildrosenhybride *Rosa* x *dupontii* heran. Diese Rose, deren Abstammung bis heute ungeklärt ist, wurde 1817 von Dupont, dem Beauftragten der Rosensammlung in Malmaison, beschrieben. Ohne Früchte hingegen bleibt *Rosa* x *rugotida*, eine 1950 erzielte, niederländische Kreuzung aus *Rosa rugosa* und *Rosa nitida*. Während ihre Laubblätter dem Laub der Kartoffel-Rose ähneln, scheint ihre rosa Blütenfarbe eher auf *Rosa nitida* zurückzugehen.

Eine gelbblühende Wildrosenhybride ist *Rosa* x *harisonii*, die im Jahre 1830 bei G. F. Harison in New York vermutlich aus *Rosa pimpinellifolia* und *Rosa foetida persiana* (Türkische Rose) hervorgegangen ist. *Rosa* x *harisonii* mit ihren hellgelben, halbgefüllten Blüten erlangte in ganz Nordamerika große Beliebtheit, vor allem aber in Texas. Dort wurde und wird sie noch heute so sehr geschätzt, daß man sie seither als die berühmte »Yellow Rose of Texas« besingt.

Viele Wildrosen wurden im Laufe der Zeit auch zur Kreuzung mit Kulturrosen herangezogen. Ein berühmtes Beispiel ist die von dem deutschen Rosenzüchter Kordes um 1930 begonnene Züchtungsarbeit mit zwei starkwüchsigen Varietäten der *Rosa pimpinellifolia*. Diese kreuzte er mit der Teehybride 'Joanna Hill' und anderen Rosensorten und erzielte damit eine Gruppe wunderschöner, sehr reich blühender Rosen, die sogenannten »Frühlingssorten« (Beispiele siehe 5. Tabelle). Ebenfalls aus der Züchtungsarbeit mit *Rosa pimpinellifolia* stammen die Strauchrosen 'Golden Wings', 'Klaus Groth', 'Maigold', die in Dänemark entstandene Sorte 'Aicha' sowie 'Präriedawn', eine kanadische Züchtung. Auch *Rosa rugosa* und ihre Sorten dienten in der Vergangenheit der Züchtung vieler sehr verschiedenartiger Rosen. Zu diesen gehören zum Beispiel die Nelkenrosen 'F. J. Grootendorst', 'Pink Grootendorst', 'Weiße Nelkenrose', deren Blüten in Form und Farbe an Nelken erinnern. Daneben entstanden einige Rosen, die eher der Kartoffel-Rose ähneln wie u. a. die öfterblühende 'Conrad Ferdinand Meyer', 'Dagmar Hastrup' mit ihren großen Schalenblüten, die violettrot blühenden Sorten 'Hansa' und 'Moje Hammarberg', die recht winterharte 'Robusta', die intensiv duftende 'Roseraie de l'Hay'.

Rosa pimpinellifolia 'Maigold' entstand 1953. Ihr Name verweist auf ihre frühe Blütezeit.

Für die Züchtung von Kletterrosen erwiesen sich die aus Asien nach Europa eingeführten *Rosa wichuraiana* (Wichura-Rose) und *Rosa multiflora* (Vielblütige Rose) als bedeutsam. Während die Nachkommen von *Rosa multiflora* (zum Beispiel 'Crimson Rambler', 'Veilchenblau') aufrecht wachsen, zeigen die aus *Rosa wichuraiana* hervorgegangenen Sorten (zum Beispiel 'American Pillar', 'New Dawn') oftmals überhängenden oder niederliegenden Wuchs, so daß sie meist aufgebunden werden müssen.

Eine Besonderheit unter den Wildrosensorten ist *Rosa arvensis* 'Splendens' (Feldrose) mit ihren kleinen, nach Myrrhe duftenden Blüten. Weniger durch den Duft als durch ihre leuchtenden, geranienroten Blüten und die großen, karminroten Hagebutten fällt die von *Rosa moyesii* abstammende Sorte 'Geranium' auf. 'Sealing Wax' ist ebenfalls eine Auslese von *R. moyesii*, jedoch mit strahlend rosa Blüten. Beide Sorten sind der Art vorzuziehen. Eine weitere äußerst dekorative und starkwüchsige Strauchrose ist *Rosa canina* 'Kiese' mit ihren leicht gefüllten, kirschroten Blüten, die ursprünglich als Veredelungsunterlage vorgesehen war.

Europäische Wildrosen

Name	Blütenfarbe	Blütenfüllung	Blühhäufigkeit	Duft	Größe m
*R. acicularis**	hell- bis dkl.-rosa	e	einm.	l	1–2
R. agrestis	weißlich-rosa	e	einm.	o	1–3
*R. arvensis**	weiß	e	einm.	o	einige
*R. canina**	weißlich-rosa	e	einm.	l	2–3
R. corymbifera	weiß-zartrosa	e	einm.	o	1,5–2,5
*R. gallica**	rosa bis dkl.-rot	e	einm.	m	1–1,5
*R. glauca**	karminrosa	e	einm.	o	2–3
R. glutinosa	hellrosa	e	einm.	Laub	0,3–0,8
R. hemisphaerica	schwefelgelb	d	einm.	o	1–2
*R. majalis**	karminrot	e	einm.	o	1,5
R. micrantha	rosa bis weiß	e	einm.	o	1,5
R. mollis	rosa	e	einm.	o	1
*R. moschata**	weiß	e	öft.	st, s	3–4
*R. pendulina**	dkl.-rosa–purpur	e	einm.	l	2
*R. pimpinellifolia**	weißlich gelb-rosa	e	einm.	o	1–2
*R. rubiginosa**	rosarot	e	einm.	m, Laub	2–2,5
R. sempervirens	weiß	e	einm.	m	4–5
*R. serafinii**	weißlich rosa	e	einm.	o	0,3–1
R. sherardii	tiefrosa	e	einm.	o	2
R. stylosa	weiß-hellrosa	e	einm.	o	3
R. tomentosa	hellrosa-weiß	e	einm.	o	2
*R. villosa**	rosa	e	einm.	o	2

Amerikanische Wildrosen

Name	Blütenfarbe	Blütenfüllung	Blühhäufigkeit	Duft	Größe m
*R. acicularis**	hell- bis dkl.-rosa	e	einm.	l	1–2
R. arkansana	rosa bis hellrot	e	einm.	o	0,5
R. blanda	rosa	e	einm.	o	2
R. californica	dunkelrosa	e	einm.	o	2–3
*R. carolina**	rosa	e	einm.	o	1–2
R. foliolosa	hellrot	e	einm.	o	0,3–0,7
R. gymnocarpa	rosa	e	einm.	o	0,5–1,5
R. melina	rosa	e	einm.	o	0,9
R. montezumae	rosarot	e	einm.	o	1–2
*R. nitida**	rosa	e	einm.	l	0,5–0,7
R. nutkana	lila-rosa	e	einm.	o	1,5–1,8
R. palustris	rosa	e	einm.	o	1–1,8
*R. pisocarpa**	lila-rosa	e	einm.	o	2–2,5
*R. rugosa**	rosarot	e	öft.	l	1–2
R. setigera	dunkelrosa	e	einm.	o	1–2
*R. stellata var. mirifica**	dkl.-lila-rosa	e	einm.	o	1
*R. virginiana**	hellrosa	e	einm.	o	1–1,5

Afrikanische Wildrosen

Name	Blütenfarbe	Blüten-füllung	Blüh-häufigkeit	Duft	Größe m
R. agrestis	weißlich-rosa	e	einm.	o	1–3
*R. canina**	weißlich-rosa	e	einm.	l	2–3
R. corymbifera	weiß-zartrosa	e	einm.	o	1,5–2,5
*R. moschata**	weiß	e	öft.	st, s	3–4
R. sempervirens	weiß	e	einm.	m	4–5
R. sicula	rosa	e	einm.	o	0,2–0,8

Asiatische Wildrosen

Name	Blütenfarbe	Blüten-füllung	Blüh-häufigkeit	Duft	Größe m
*R. acicularis**	hell- bis dkl.-rosa	e	einm.	l	1–2
R. bella	leuchtend rosa	e	einm.	m	1,5–2
*R. chinensis**	rosa bis rot	e	öft.	l	0,5–1
R. cymosa	weiß	e	einm.	o	4–5
R. davidii	rosa	e	einm.	o	3
*R. ecae**	kräftig goldgelb	e	einm.	Laub	1
R. fedtschenkoana	weiß	e	einm.	h	1–2
R. filipes	weiß	e	einm.	o	2,5–5
*R. foetida**	tiefgelb	e	einm.	h	1,5
R. gigantea	weiß-gelblich	e	einm.	m	10–15
R. glutinosa	hellrosa	e	einm.	Laub	0,3–0,8
*R. helenae**	weiß	e	einm.	m	5–6
R. hemisphaerica	schwefelgelb	d	einm.	o	1–2
*R. hugonis**	schwefelgelb	e	einm.	o	2–2,5
R. laevigata	weiß	e	einm.	m	5
R. laxa	weiß-blaßrosa	e	einm.	o	1–2
R. macrophylla	hellrot	e	einm.	o	3–4
*R. moschata**	weiß	e	öft.	st, s	3–4
*R. moyesii**	weinrot	e	einm.	o	2–3
R. multibracteata	hellrosa	e	einm.	o	2–4
*R. multiflora**	weiß	e	einm.	l, s	3–4
R. persica	gelb, Mitte tiefrot	e	einm.	o	0,2–0,5
R. primula	hellgelb	e	einm.	m	2
*R. roxburghii**	zartrosa	d	einm.	l	2–2,5
*R. rugosa**	rosarot	e	öft.	l	1–2
R. sericea	weiß	e	einm.	o	2–2,5
R. setipoda	zartrosa	e	einm.	Laub	bis 3
*R. wichuraiana**	weiß	e	einm.	Klee	2,5–5
*R. willmottiae**	purpurrosa	e	einm.	l	2–3
*R. xanthina**	goldgelb	h–d	einm.	o	1,5–3

Erläuterungen:
* Diese Rosen sind im letzten Kapitel näher beschrieben.
Blütenfüllung: e = einfach, l = locker, h = halb, d = dicht.
Blühhäufigkeit: einm. = einmalblühend, g. öft. = gelegentlich öfterblühend, öft. = öfterblühend.
Duft: o = ohne, l = leicht, m = mittelstark, st = stark, s = süß, h = herb.

Wildrosenhybriden und -sorten

Name	Blütenfarbe	Blüten-füllung	Blüh-häufigkeit	Duft	Größe m
R. x *alba*					
– 'Semiplena'	milchweiß	l	einm.	m	2
– 'Königin v. Dänemark'*	porzellanrosa	d	einm.	m, s	1,5–2
R. arvensis					
– 'Ayrshire Queen'*	purpurfarben	h	einm.	o	3–4
– 'Splendens'*	zart rosa-weiß	l	einm.	m	4–5
– 'Venusta Pendula'*	rosig-weiß	l	einm.	o	6
R. canina 'Kiese'	kirschrot	l	einm.	o	2–3
R. x *centifolia*					
– 'Parvifolia'*	purpur-violett	d	einm.	o	0,5
– 'Tour de Malakoff'*	purpur-karminrot	d	einm.	l	2
R. chinensis					
– 'Hermosa'*	zart lila-rosa	h	öft.	m, s	0,9
– 'Mutabilis'*	erst ledrig gelb, dann karminrot	e	öft.	m	1–2
R. x *damascena*					
– 'Leda'*	milchweiß, Rand karminrot	d	einm.	st	0,9–1
– 'Rose de Resht'*	fuchsien-purpurrot	d	öft.	st, s	1–1,2
R. x *dupontii*	weißlich-rosa	e	einm.	m	2–2,5
R. foetida					
– 'Bicolor'*	oben orangerot, unten gelb	e	einm.	o	1–2
R. gallica					
– 'Complicata'*	rosarot, Mitte weiß	e	einm.	l	1,5–2
– 'Tricolore de Flandre'*	weiß-rosa-lila gestreift	d	einm.	m	1–1,5
R. x *harisonii**	kräftig gelb	h	einm.	l	1–1,5
R. moyesii					
– 'Geranium'	scharlachrot	e	einm.	o	3
– 'Highdownensis'*	hell-karminrot	e	einm.	o	2
– 'Marguerite Hilling'*	karminrosa	l	g. öft.	o	1,5–2
– 'Nevada'*	weiß-cremefarben	l	g. öft.	–	2–2,5
R. multiflora					
– 'Crimson Rambler'*	karminrot	d	einm.	o	5–6
– 'The Garland'*	gelblich-weiß, rosa	l	einm.	m	4–5
– 'Veilchenblau'*	purpurviolett, Mitte weiß	l	einm.	l	3–4
R. omeiensis					
– 'Pteracantha'*	weiß	e	einm.	o	2–4
R. x *paulii*	weiß	e	einm.	o	3–4
R. pimpinellifolia					
– 'Frühlingsanfang'*	milchweiß	e	einm.	m	3
– 'Frühlingsduft'*	rosa, Mitte gelbl.	d	g. öft.	st	2–3
– 'Frühlingsmorgen'*	karminrosa	e	einm.	o	1,8
– 'Golden Wings'*	schwefelgelb	e	öft.	st	1–1,5
– 'Maigold'*	goldgelb	l	g. öft.	st	2–2,5
– 'Präriedawn'	rosa	d	öft.	l	2,5
– 'Stanwell Perpetual'	hellrosa bis weiß	d	öft.	w	1,5
– 'William III.'	magentarot-lila	h	einm.	m	0,6
R. x *pruhoniciana*	tief rotbraun	e	einm.	o	2,5

Name	Blütenfarbe	Blüten-füllung	Blüh-häufigkeit	Duft	Größe m
R. x *reversa**	rötlich-weiß	e	einm.	o	1–2
R. x *richardii**	zartrosa	e	einm.	o	0,5–0,7
R. rubiginosa					
– 'Amy Robsart'*	tiefrosa	h	einm.	Laub	2–3
– 'Goldbusch'*	goldgelb	l	einm.	l	2
– 'La Belle Distinguée'*	karminrot	d	einm.	Laub	1–1,3
– 'Lord Penzance'*	lachsf., Mitte hellgelb	e	einm.	Laub	2
R. x *ruga**	weißl.-hellrosa	l	einm.	st, s	2–4
R. rugosa					
– 'Conrad Ferdinand Meyer'*	silbrig-rosa	d	öft.	st	3
– 'F.J. Grootendorst'*	dkl. blutrot	l	öft.	o	1–1,5
– 'Moje Hammarberg'	violett-rot	l	öft.	st	0,7–1
– 'Pink Grootendorst'*	rosa	l	öft.	o	1–1,5
– 'Robusta'*	blutrot	e	öft.	l	1,5–2,5
– 'Roseraie de l'Hay'	violettrot	d	öft.	st	1,5
– 'Weiße Nelkenrose'*	weiß	l	öft.	o	1–1,5
R. x *rugotida**	karminrosa	e	einm.	o	1–1,5
R. x *spaethiana*	purpurrot	h	einm.	o	1,5
R. sweginzowii					
– 'Macrocarpa'*	karminrot	e	einm.	o	2,5–3
R. wichuraiana					
– 'Albéric Barbier'*	weiß, Mitte gelbl.	d	einm.	m	5–6
– 'Albertine'*	lachsrosa	l	einm.	st	2–4
– 'American Pillar'*	karminrosa, Mitte weiß	e	einm.	o	3–5
– 'Excelsa'	hellkarmin	d	einm.	o	3–4
– 'New Dawn'*	zartrosa	d	öft.	m	2–4

Erläuterungen:
* Diese Rosen sind im letzten Kapitel näher beschrieben.
Blütenfüllung: e = einfach, l = locker, h = halb, d = dicht.
Blühhäufigkeit: einm. = einmalblühend, g. öft. = gelegentlich öfterblühend, öft. = öfterblühend.
Duft: o = ohne, l = leicht, m = mittelstark, st = stark, s = süß, h = herb, w = würzig.

Rosa x *spaethiana verfügt über eine ungewöhnliche Blütenfarbe: ein lebhaftes Purpurrot.*

KAUFEN – PFLANZEN – PFLEGEN

Nachdem Sie nun einen ersten Überblick über die Vielfalt an Wildrosenarten und -sorten erhalten haben, soll Ihnen der folgende Abschnitt beim praktischen Umgang mit Wildrosen behilflich sein. Dieses Kapitel gibt Ratschläge für Auswahl und Kauf von Wildrosen und enthält exakte Anleitungen zur Pflanzung und Pflege. Die zahlreichen Zeichnungen veranschaulichen die einzelnen Vorgänge und Arbeitsschritte.

In diesem Bungalow-Garten wurden zwei Kreuzungen von Rosa moyesii mit Gartenrosen gepflanzt: 'Nevada' und 'Marguerite Hilling'.

Auswahl und Kauf

Rosa californica 'Plena' hat im Vergleich zur einfach blühenden Art einen hohen Gartenwert.

Vor dem Einpflanzen werden Rosen über Nacht in Wasser gelegt.

Vor dem Kauf Ihrer Rosen sollten Sie einige grundsätzliche Überlegungen anstellen und sich über Ihre Wünsche Klarheit verschaffen. Wollen Sie die Wildrosen und ihre Sorten als Kletterpflanzen, für eine gemischte Sträuchergruppe, als besonders schönes Einzelstück in einem Vorgartenbeet oder als Heckenpflanze zur Begrenzung Ihres Grundstückes einsetzen? Sollen Ihre Rosen an einem windgeschützten Platz in voller Sonne oder an einer nach allen Seiten offenen Stelle im Halbschatten größerer Bäume stehen? Muß die Wildrose absolut frosthart, starkwüchsig sein? Soll sie dichte Sträucher bilden, mehrmals im Jahr blühen und duften?

Es ist sehr hilfreich vor der Rosenauswahl sich Wildrosen in der freien Natur oder in entsprechenden Rosenschaugärten anzusehen. Auch auf Ausstellungen, im Garten eines anderen Rosenfreundes oder direkt in den Rosenbaumschulen, die Wildrosen zum Kauf anbieten, kann man Eindrücke sammeln und sich die Auswahl erleichtern. Denn Ihr persönlicher Eindruck von einer Rose ist entscheidender als die meisten sehr knapp gefaßten Beschreibungen in Rosenkatalogen und -büchern. Hilfreich ist aber auch ein Beratungsgespräch mit einem Kultivateur von Wildrosen.

Haben Sie sich zum Kauf entschlossen, müssen Sie entscheiden, wann und von wem Sie diese beziehen. Die beste Pflanzzeit für Rosen ist der Herbst (Mitte Oktober bis Dezember, solange der Boden frostfrei ist) sowie das Frühjahr (März/April). Die Herbstpflanzung ist in der Regel der Frühjahrspflanzung vorzuziehen, da die Rosen in dem noch nicht gefrorenen Boden vor dem Winter neue Wurzeln bilden und somit im Frühjahr zeitiger und kräftiger zu wachsen beginnen. Ein weiterer Vorteil der Herbstpflanzung ist die wesentlich größere Auswahl an Wildrosenarten und -sorten im Herbst.

Ist es Ihnen nicht möglich, direkt zu einem Wildrosen-Kultivateur zu fahren, um sich Ihre Rosen persönlich auszusuchen, so besteht immer noch die Möglichkeit, sich die Rosen schikken zu lassen. Da das Angebot an Rosen begrenzt ist (Rodezeit ist nur im Herbst), sollten Sie rechtzeitig bestellen (ruhig schon im Juli oder August) oder entsprechend zeitig zum Rosenkauf fahren. Bei schriftlichen oder telefonischen Bestellungen sind genaue Angaben wichtig: 1. Die Stückzahl der gewünschten Art oder Sorte; 2. Sind Sie mit Lieferung von Ersatzarten oder -sorten einverstanden, wenn die gewünschten Wildrosen nicht immer verfügbar sind; 3. Die Güteklasse der Wildrosen, falls sie durch Veredelung vermehrt werden (A = mindestens drei Triebe, davon zwei aus der Veredelungsstelle, einer bis zu 5 cm darüber; B = zwei Triebe aus der Veredelungsstelle); 4. Ihre exakte Anschrift. Bekommen Sie

Rosa canina eignet sich ideal zur Befestigung von Böschungen und zur Heckenpflanzung.

Ihre Rosen geschickt, sollten Sie die Sendung sofort nach Erhalt auf Vollständigkeit, Richtigkeit (Güteklasse, Sorten) und Mängel oder Schäden an den Pflanzen überprüfen. Nach dieser ersten Kontrolle empfiehlt es sich, die Rosen für ein paar Stunden in Wasser zu stellen, damit sie sich erst einmal wieder richtig mit Wasser vollsaugen können. Ob die Wildrosen gesund sind, läßt sich folgendermaßen prüfen: Kratzen Sie das Holz über dem Wurzelhals oder der Veredelungsstelle mit dem Fingernagel vorsichtig an. Kommt darunter frisches, grünes Pflanzengewebe zum Vorschein, sind die Rosentriebe gesund, bei braun-schwarzem Gewebe hingegen tot. Sieht die Rinde leicht runzelig aus, auch wenn die Rosen für einige Stunden im Wasser gestanden haben, ist davon auszugehen, daß die Pflanze von vorneherein nicht gesund war oder beim Transport Schaden genommen hat.

Bei Bestellung im Herbst kommt es schon mal vor, daß der Wurzelballen während des Transportes durchfriert. Dann legen Sie die Rose mit ungeöffnetem Ballen in einen Raum, in dem die Temperatur etwas über 0°C liegt (niemals in einen wohltemperierten Raum!). Ist der Ballen aufgetaut, so öffnen Sie ihn, holen die Rose heraus und prüfen ihren Gesundheitszustand.

Stellen Sie tatsächlich Schäden oder Unstimmigkeiten bezüglich der Menge und Art der Wildrosen fest, dann reklamieren Sie möglichst bald und ohne Bedenken bei Ihrem Rosenlieferanten. Denn die Rosenkultivateure sind darauf bedacht, Fehler ihrerseits zu beheben und Sie als Kunden zufriedenzustellen.

Klima und Standort

Die flügelartigen, leuchtendroten Stacheln der Rosa omeiensis f. pteracantha sind durchscheinend und fallen besonders bei Sonnenlicht auf.

Bedingt durch die große Vielfalt der Wildrosen mit ihrer zum Teil sehr unterschiedlicher Herkunft ist es nahezu unmöglich, *einen* Standort oder *ein* Klima zu beschreiben, das den Anforderungen sämtlicher Wildrosenarten und -sorten gerecht würde. Denn unter den Wildrosen gibt es eine Reihe schattenverträglicher Arten oder auch Arten, die heiße, sonnige Standorte bevorzugen. Wenn man von diesen extremen Beispielen absieht, dann dürfte der Großteil der in diesem Buch beschriebenen Wildrosen an nicht zu windigen, aber dennoch gut durchlüfteten Standorten gut gedeihen, an die zumindest für einige Stunden am Tag Sonne gelangt. Es ist aber in der Regel nicht empfehlenswert, Wildrosen direkt an Südwände in die pralle Sonne zu pflanzen. Dort staut sich die Wärme so stark, daß die Pflanzen leiden und stärker für den Befall mit Pilzen oder tierischen Schädlingen anfällig werden. Zudem verblassen die Blütenfarben extrem, die Rosen verblühen schneller und bei mehrmals blühenden Rosen kann die Nachblüte deutlich beeinträchtigt werden.
Neben geeigneten Licht- und Temperaturverhältnissen brauchen Wildrosen an ihrem Standort auch viel Luft! Gerade für Wildrosen ist es besonders wichtig, daß sie genügend Platz zur Verfügung haben, um ihren arttypischen Charakter und Charme voll entfalten zu können. Deshalb sollten Sie ihnen genügend Freiraum für ein ungehindertes Wachstum zubilligen. Die Größe des Standraumes hängt zum einen von Wuchskraft und Wuchscharakter, zum anderen vom Verwendungszweck ab. Einzelpflanzen in einer Rosenhecke werden natürlich dichter gepflanzt als in einer Sträuchergruppe und dort wiederum enger als in einer großzügig angelegten Pflanzung besonders schöner Einzelexemplare.
Im folgenden werden einige grobe Richtwerte für die Pflanzabstände zwischen Wildrosen und ihren Begleitpflanzen genannt. Selbstverständlich können Sie die Abstände je nach den Sorteneigenschaften, den Standortverhältnissen und nach eigenen Vorstellungen auch anders wählen.

Wildrosenhecke	0,5–0,6 m
schwachwachsende Wildrosen in Sträuchergruppen	0,8–1 m
starkwachsende Wildrosen in Sträuchergruppen	bis 2 m
einzelstehende Wildrosen in Sträuchergruppen	bis 3 m
kletternde Wildrosen als Rosenwand gepflanzt	bis 2 m
kletternde Wildrosen als Mauer- oder Wandbekleidung	3–5 m

ANSPRÜCHE AN DEN BODEN

Besonders die ursprünglichen Wildrosenarten stellen aufgrund ihrer Anpassungsfähigkeit im allgemeinen recht wenig Anforderungen an den Boden ihres Standortes. Unter den Wildrosen gibt es eine ganze Reihe von Arten und Sorten, die auch auf nährstoffärmeren, sandigen Böden gut gedeihen (zum Beispiel *Rosa pimpinellifolia, Rosa rugosa* und Sorten). *Rosa nitida* und *Rosa majalis* sind Beispiele für Wildrosen, die auch für feuchte Standorte geeignet sind. Damit ein Boden aber für die meisten Wildrosenarten und -sorten als Standort geeignet ist, sollte er über einige Eigenschaften verfügen, die im folgenden beschrieben werden.

Rosenwurzeln vertragen normalerweise keine Staunässe, benötigen aber stets ausreichend Wasser und Luft. Aus diesem Grund sollte der Boden für sie stets bis in größere Tiefen hinein locker und wasserdurchlässig sein. Andererseits muß der Boden auch Wasser und Nährstoffe speichern können, um eine hinreichende Versorgung Ihrer Rose zu gewährleisten. Als ideale Böden für Rosen gelten daher in der Regel *leicht lehmige, tiefgründige Böden mit einem pH-Wert zwischen pH 5,5 und pH 7, die besonders humus- und nährstoffreich sind.*

Finden Sie in Ihrem Garten diesen Idealtyp von Boden nicht vor, so läßt sich jedoch der Boden durch bestimmte Maßnahmen verbessern, sofern es die Ansprüche der von Ihnen ausgewählten Wildrosenart und -sorte erfordern (siehe dazu »Vorbereitung des Bodens«).

Niemals allerdings sollten Sie Rosen in einen Boden pflanzen, in dem schon längere Zeit Rosen oder andere zur Familie der Rosengewächse *(Rosaceae)* gehörende Pflanzen gestanden haben, wie zum Beispiel Äpfel, Aprikosen, Birnen, Feuerdorn, Pfirsiche, Zwetschgen usw. Ihre neuen Rosen würden nicht gedeihen, weil der Boden »rosenmüde« ist wie der Fachmann sagt. Worin allerdings die Ursachen dieser Bodenmüdigkeit liegen, ist bis heute nicht zweifelsfrei geklärt. Man vermutet, daß der Grund ein Ungleichgewicht der Spurenelemente und Mineralien, hervorgerufen durch einseitige Nährstoffentnahme oder übermäßige Düngung, ist. Darüber hinaus wird angenommen, daß alte Rosenwurzeln giftige Gase entwickeln, die im Boden verbleiben und ein gesundes Wachstum der neuen Rosen verhindern. Auch durch Nematoden (Wurzelälchen) kann der Boden manchmal verseucht sein. Steht aber nur der alte Standort zur Verfügung, sollte vor der Pflanzung der Wildrosen der Boden großzügig (!) ausgetauscht und durch frische Gartenerde ersetzt werden. Für jede Rose muß der Boden auf einer Fläche von mindestens 70 cm × 70 cm und in einer Tiefe von ebenfalls 70 cm ersetzt werden.

Rosa hemisphaerica mit ihren gefüllten goldgelben Blüten begeistert seit langer Zeit nicht nur Gärtner sondern auch Maler.

Rosa foetida mit ihren tiefgelben, einfachen Blüten war schon im frühen Mittelalter in Europa bekannt.

VORBEREITUNG DES BODENS

TIP Bei frühen Herbstfrösten kann es vorkommen, daß der Boden schon gefroren ist, wenn Sie Ihre Rosen kaufen oder geschickt bekommen. Vorbeugend für einen solchen Fall sollten Sie an einer geschützten Ecke im Garten ein Stück Boden durch Abdeckung zum Beispiel mit Laub frostfrei halten. In diesen frostfreien Boden können Sie dann die Wildrosen einschlagen (siehe Abb. 1) und so lange vor Frost und Austrocknung schützen, bis sie nach dem Frost an ihre eigentlichen Standorte gesetzt werden.

Am Anfang steht die genaue Planung wohin welche Wildrose gepflanzt werden soll. Dabei sind die im letzten Abschnitt erwähnten Richtwerte für die Pflanzabstände zwischen Wildrosen und ihren Nachbarpflanzen zu berücksichtigen. Mindestens 6–8 Wochen vor dem Pflanztermin beginnt man mit der Vorbereitung des Bodens. Möchten Sie eine größere Fläche mit Wildrosen bepflanzen, sollten Sie die gesamte Fläche und nicht wie sonst üblich nur die Pflanzlöcher bearbeiten. Wichtig zu beachten ist außerdem: Je länger ein Boden brachgelegen hat, desto größer muß die vorbereitete Fläche für die Pflanzung sein.

Ein idealer Rosenstandort soll locker, tiefgründig und humusreich sein. Je nach Art Ihres Gartenbodens können Sie verschiedene Maßnahmen ergreifen, um ihn den Anforderungen der Rosen anzupassen. Ein schwerer, toniger Boden erfordert natürlich eine andere Behandlung als ein leichter, sandiger Boden. Schwere Böden besitzen aufgrund ihres hohen Gehaltes an Tonbestandteilen zwar ein gutes Wasser- und Nährstoffspeichervermögen, in gleichem Maße neigen sie aber auch zu Verdichtungen und Staunässe. Ein toniger Boden muß deshalb nachhaltig gelockert werden, damit außer Wasser und Nährstoffen auch Luft an die Rosenwurzeln dringen kann. Gleichzeitig sollte er dabei mit Humus und anderen Stoffen (grober Sand, Kies, Styromull) angereichert werden, um die Stabilität und Wasserdurchlässigkeit zu verbessern. Beim schrittweisen Umgraben ist darauf zu achten, daß die unteren Bodenschichten nicht oben zu liegen kommen, sondern der humusreiche, wertvolle Oberboden auch als oberste Schicht erhalten bleibt. In die unteren Bodenschichten bringen Sie beim Umgraben Humus in Form von sehr gut verrottetem Stallmist oder stark zersetztem, »reifem«, Gartenkompost ein. Darüber hinaus kann man den Boden pro Quadratmeter mit einer Handvoll Knochen- oder Blutmehl bzw. mit Hornspänen anreichern.

Ist der Boden in Ihrem Garten hingegen leicht und sandig, dann verzichten Sie sowohl auf ein tiefes Umgraben als auch auf die Beimischung von Sand etc., denn ein solcher Boden verfügt von Natur aus über eine ausreichende Wasserdurchlässigkeit. Auch leichten Böden muß wie schweren Böden in ihrer obersten Schicht (20 cm) Humus (Stallmist, Kompost, Blut- oder Knochenmehl, Hornspähne etc.) zugegeben werden. Dadurch erhöht sich sowohl die Stabilität des Bodens als auch sein Vermögen, Wasser und Nährstoffe zu speichern.

Der pH-Wert des Bodens gibt Auskunft darüber, ob er sauer (pH 1–7) oder alkalisch (pH 7–14) ist. Der optimale pH-Wert für Wildrosenpflanzungen liegt zwischen pH 5,5 und pH 7,

Rosa multiflora gedeiht auch an weniger hellen Plätzen und sogar unter Bäumen.

also im leicht sauren bis neutralen Bereich. Mit pH-Teststreifen oder einem pH-Meßgerät (im Fachhandel erhältlich) können Sie den pH-Wert Ihres Bodens bestimmen. Ist der pH-Wert kleiner als 5,5, sollten Sie den Boden leicht kalken. Bei pH-Werten über 7 kann man den Boden zum Beispiel durch die Beimischung von Torf saurer machen.

Wenn es nun ans Pflanzen Ihrer Wildrosen gehen soll (der Boden muß frostfrei sein!), heben Sie als erstes das Pflanzloch aus. Achten Sie darauf, daß es groß genug ist, um darin die Rosenwurzeln ungehindert ausbreiten zu können – in der Regel etwa 40 cm im Durchmesser und 40 cm tief.

Noch ein Tip: Auch Rosen, die schon seit längerer Zeit an ihrem Platz stehen, lassen sich verpflanzen. Graben Sie die Rose dafür mit all ihren Wurzeln aus. Beschädigte Wurzeln sollten glattgeschnitten und die oberirdischen Rosentriebe stark eingekürzt werden. Das neue Pflanzloch wird wie zur Pflanzung einer noch jungen Rose vorbereitet (bedenken Sie die Größe der Rose!). Pflanzen Sie dann die Rose mit der gewohnten Sorgfalt ein, vergessen Sie auch das Anhäufeln und Wässern nicht! Wenn die Triebe einige Zentimeter lang sind, können Sie die angehäufelte Erde wieder entfernen.

DER PFLANZVORGANG

Abb. 1 (rechts): Roseneinschlag: Dafür heben Sie in Ihrem frostfreien Boden einen Graben aus, in den Sie die Rosen so hineinlegen, daß der Wurzelhals bzw. die Veredlungsstelle unter die Erde kommen. Anschließend schütten Sie den Graben wieder mit Erde zu. Die Rosentriebe können dabei ruhig auch etwas mit Erde bedeckt werden – das schützt sie vor Austrocknung.

Können die Wildrosen nicht sofort nach Erhalt gepflanzt werden, sollten sie eingeschlagen werden, um ihre Wurzeln und Triebe vor Austrocknung und Frost zu schützen (siehe Abb. unten).

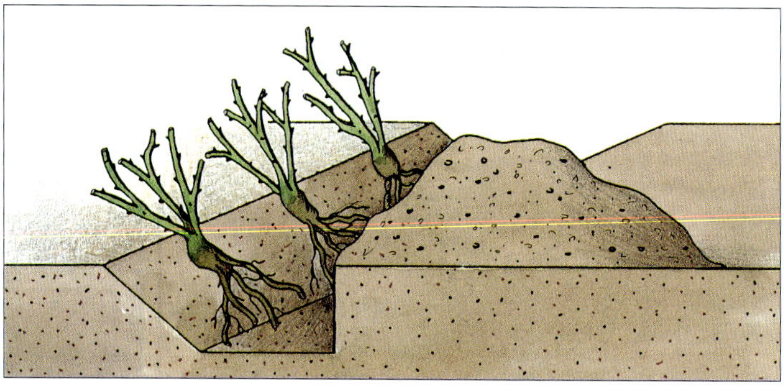

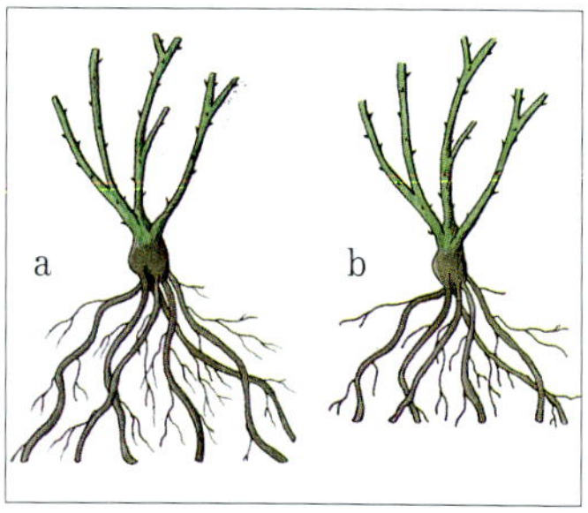

Abb. 2: Die Wurzeln werden kurz vor dem Einpflanzen der Rose einheitlich so weit eingekürzt, daß sie, von der Veredlungsstelle bzw. dem Wurzelhals aus gemessen, noch ca. 20 cm lang sind. Außerdem entfernt man tote Wurzeln. Zeichnung a zeigt die Rose vor dem Schnitt der Wurzeln, Zeichnung b nach dem Schnitt.

Bevor Sie dann Ihre Rosen an den endgültigen Standort pflanzen, werden diese 8–24 Stunden lang vollständig (!) in Wasser gelegt. Nachdem bereits das für die Rose vorgesehene Pflanzloch ausgehoben wurde, sollten Sie kurz vor der Pflanzung die Wurzeln schneiden (siehe Abb. 2)
Im Herbst werden von den oberirdischen Pflanzenteilen nur die angebrochenen, verletzten Triebe entfernt. Der eigentliche Rückschnitt der Krone erfolgt bei Herbst- und Frühjahrspflanzung nur im Frühjahr (siehe Kapitel »Pflanzschnitt«).

Abb. 3: Hier erkennen Sie, wie groß das Pflanzloch sein sollte, wie Sie die Rosenwurzeln richtig im Pflanzloch ausbreiten und wie tief Sie Ihre Rose pflanzen sollten. Rosenwurzeln brauchen Platz – seien Sie deshalb nicht zu sparsam beim Ausheben des Pflanzloches!

STRAUCHROSENPFLANZUNG

Beim Einpflanzen Ihrer strauchig wachsenden Wildrosen müssen Sie den Rosenwurzeln, dem Wurzelhals und bei veredelten Rosen der Veredelungsstelle am Wurzelhals besondere Aufmerksamkeit schenken (siehe Abb. 3). Auf keinen Fall dürfen die Wurzeln verbogen oder verdreht werden. Der Wurzelhals bzw. die Veredelungsstelle sollte unbedingt 3 bis maximal 5 cm (etwa drei Finger breit) unter der Erdoberfläche zu liegen kommen. Auf diese Weise ist die empfindliche Zone Ihrer Wildrose vor Austrocknung und Frost geschützt. Wenn in einem strengen Winter die oberirdisch gelegenen Triebe vollständig zurückfrieren, können aus den unter der Erde gelegenen Zonen der Rose wieder neue Triebe wachsen.
Halten Sie die Rose so tief in das Pflanzloch, so daß sich Wurzelhals bzw. Veredelungsknoten 10–15 cm unter der Erdoberfläche befinden. Achten Sie darauf, daß die Wurzeln gerade liegen! Beginnen Sie dann, die zuvor ausgehobene Erde gleichmäßig über die Wurzeln zu verteilen. Während Sie das Pflanzloch auf diese Weise allmählich mit Erde anfüllen,

ziehen Sie die Rose dabei langsam hoch. Dadurch rutscht die Erde auch zwischen die Wurzeln, so daß diese überall Kontakt zum Boden erhalten. Achten Sie aber beim Hochziehen der Rose darauf, daß Sie Wurzelhals bzw. Veredelungsstelle weit genug im Boden lassen (siehe Abb. 3).

Ist auf diese Weise Ihre Rose entsprechend ausgerichtet und das Pflanzloch locker zu zwei Dritteln mit Erde gefüllt, drükken Sie die Erde fest an, um die Rosenwurzeln in engeren Kontakt mit dem Boden zu bringen. So fördern Sie eine schnelle Wurzelbildung und somit das erfolgreiche Anwachsen Ihrer Wildrosen. Zusätzlich gewinnt die Rose an Standfestigkeit. Beim Andrücken der Erde ist allerdings Vorsicht geboten: Der Wurzelhals und die Veredelungsstelle dürfen nicht verletzt werden! Es ist ratsam, die Erde um die Rose herum so festzudrücken, daß eine flache Gießmulde entsteht, die, wie in Abb. 4 beschrieben, mit Wasser angefüllt wird. Wenn das Wasser vollständig (!) versickert und der Boden gut durchfeuchtet ist, können Sie das Pflanzloch ganz mit Erde füllen. Anschließend werden die Triebe der Rose mit Erde oder gut verrottetem Kompost »angehäufelt« (siehe Abb. 5). Dieses Anhäufeln dient gleichzeitig als Verdunstungs- und Frostschutz für Ihre Rose. Zuletzt sollten Sie dann noch die Triebe der Rose, wie in Abb. 6 gezeigt, schattieren.

Der Boden kann nach dem Pflanzen in der Umgebung der Rose mit strohigem Mist, Komposterde, kurzem Stroh o. ä. abgedeckt werden. So kann man die Verdunstung und Verkrustung vermeiden.

Abb. 4: Die Gießmulde füllen Sie vorsichtig mit Wasser auf und lassen das Wasser versickern. Diesen Vorgang wiederholen Sie so oft, bis die Rose gut angeschlämmt ist, d. h. bis der Boden um die Rose herum mit Wasser durchtränkt ist. So wird eine enge Verbindung von Wurzeln und Boden gewährleistet.

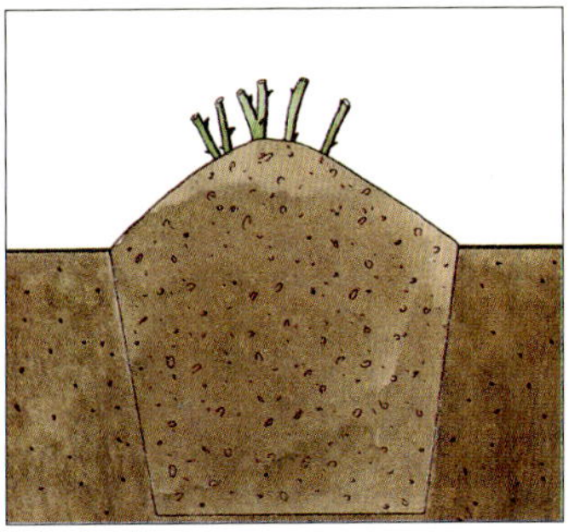

Abb. 5: Anhäufeln der frischgepflanzten Rose: Die Triebe werden so weit mit Erde oder Kompost bedeckt, daß nur noch die Triebspitzen hervorgucken.

Abb. 6: Mit Hilfe von Reisigzweigen, die Sie um die Rose herum in den Erdhügel stecken, geben Sie Ihrer Rose Schatten und schützen sie in ihrer Gewöhnungsphase an den neuen Standort vor Austrocknung durch Sonne und Wind.

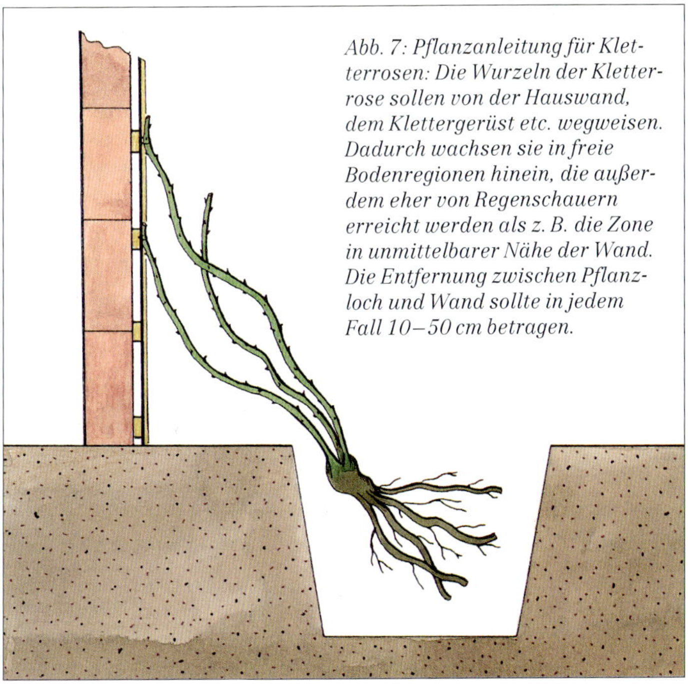

Abb. 7: Pflanzanleitung für Kletterrosen: Die Wurzeln der Kletterrose sollen von der Hauswand, dem Klettergerüst etc. wegweisen. Dadurch wachsen sie in freie Bodenregionen hinein, die außerdem eher von Regenschauern erreicht werden als z. B. die Zone in unmittelbarer Nähe der Wand. Die Entfernung zwischen Pflanzloch und Wand sollte in jedem Fall 10–50 cm betragen.

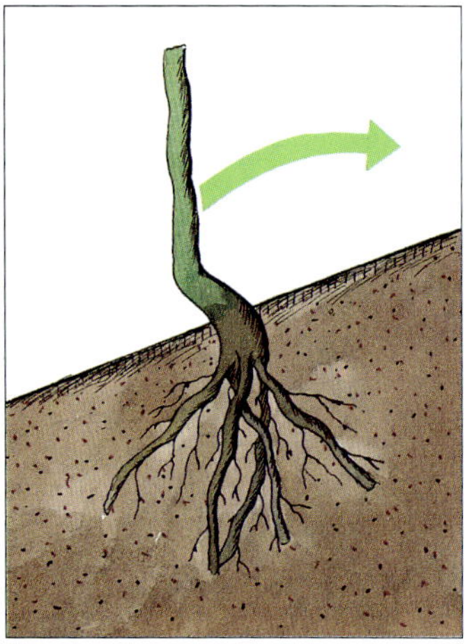

Abb. 8: Stammrosen werden so eingepflanzt, daß sich der Stamm in Richtung seiner natürlichen Biegung herunterbeugen läßt.

Abb. 9: Anbinden der frischgepflanzten Stammrose: An den folgenden Stellen wird der Stamm der Rose zu seinem Schutz mit Gummi (im Fachhandel erhältlich) umhüllt: in der Nähe der Krone, in der Stammitte und im unteren Drittel des Stammes. Daraufhin binden Sie den Stamm an diesen Stellen mit Gummi-, Leder- oder auch Nylonband an den Holzpfahl an.

KLETTERROSENPFLANZUNG

Beim Pflanzen einer kletternden Wildrose muß man beachten, daß diese leicht schräg und in ausreichendem Abstand von der Wand u. ä. in das Pflanzloch gelegt wird. Wie beim Pflanzen von Strauchrosen achten Sie darauf, daß die Wurzeln nicht verbogen oder verdreht werden und daß der Wurzelhals bzw. Veredelungsknoten ausreichend tief im Boden liegt (3 bis maximal 5 cm; siehe dazu Abb. 7). Das Einpflanzen (Erde auffüllen, andrücken, wässern usw.) sowie das Schattieren erfolgt bei Kletterrosen genauso wie bei Strauchrosen.

STAMMROSENPFLANZUNG

Vielleicht verwundert es Sie, in einem Buch über Wildrosen einen Abschnitt zur Pflanzung von Stammrosen zu finden. Denn die rein menschliche Erfindung, eine Rose auf einen Stamm zu veredeln, scheint nicht so recht zu Wildrosen zu passen, die gerade in ihrer natürlichen Erscheinungsform als Strauch oder Kletterpflanze am schönsten wirken. Es gibt aber eine Reihe vornehmlich kletternder Wildrosenarten und -sorten, die als Trauerrosen (Stammrosen mit einer Stammhöhe von 1,4 m) angeboten werden und als solche einen hohen gärtnerischen Zierwert besitzen.

Beim Pflanzen sollten Sie berücksichtigen, daß Sie die Stammrose im Winter zu Boden legen, um sie vor Frost zu schützen. Am Fuße ihres Stammes hat jede Stammrose eine leichte aber deutlich erkennbare natürliche Biegung (siehe Abb. 8). Damit es an dieser Stelle beim Herablegen der Rose nicht zum Bruch des Stammes kommt, muß die Rose so eingepflanzt werden, daß sich ihr Stamm, wie in Abb. 8 dargestellt, ohne Schaden niederlegen läßt.

Da sie bei Windstößen oder schon durch das Gewicht der eigenen Krone abknicken können, benötigen Stammrosen eine Stütze. Deshalb rammen Sie als erstes einen 4–5 cm dicken, imprägnierten Holzpfahl in das Pflanzloch (siehe Abb. 9). Der Pfahl sollte so lang sein, daß er etwa 5–10 cm in die Krone der Rose hineinragt. Dann pflanzen Sie die Rose so neben den Pfahl, daß ihr Stamm möglichst nah am Pfahl entlangläuft (maximal 5 cm Entfernung). Stammrosen werden nur so tief in die Erde eingepflanzt, daß der Wurzelkopf (die Stelle, an der die Wurzeln beginnen, sich zu verzweigen) in Höhe der Erdoberfläche oder leicht darunter zu liegen kommt (siehe Abb. 8). Eventuell heranwachsende Wildtriebe lassen sich so besser entfernen.

Sind Pfahl und Rose in die Erde gebracht, füllen Sie wie üblich Erde ins Pflanzloch und verfahren weiter wie im Abschnitt »Strauchrosen« beschrieben. Auch bei Stammrosen wird der Stamm leicht angehäufelt. Zuletzt folgt das Befestigen des Rosenstammes am Holzpfahl (siehe dazu Abb. 9). Beim Anbinden des Stammes ist zu beachten, daß dieser nicht eingeschnürt werden darf. Er soll zwar Halt bekommen, aber auch

noch genug Freiraum haben, um wachsen und atmen zu können.

Mit ihren zahlreichen weißen bis rosa Blüten ist Rosa canina in jedem Jahr aufs neue eine Augenweide.

PFLANZUNG VON CONTAINERROSEN

Als Containerrosen werden in der Regel Rosen bezeichnet, die in Plastiktöpfe oder Folienbeutel mit einem Fassungsvermögen von mehr als 2 l gesetzt (sogenannte Container) und so auch von einigen Versendern zum Kauf angeboten werden. Heute werden auch Wildrosenarten und -sorten – ob nun als Strauch-, Kletter- und Stammrosen – immer häufiger in Folienbeuteln oder Töpfen verkauft. Diese Rosen können Sie das ganze Jahr über, sogar im Hochsommer, einpflanzen. Selbst wenn die Containerrose in voller Blüte stehen sollte, kann sie unbesorgt an den für sie vorgesehenen Standort gepflanzt werden. Zunächst entfernen Sie den Topf oder Folienbeutel und setzen die Rose mit ihrem Wurzelballen in das vorbereitete Pflanzloch. Es folgen die Arbeitsschritte: Erde auffüllen, andrücken, wässern. Auf das Anhäufeln und Schattieren kann beim Einpflanzen von Containerrosen verzichtet werden.

PFLEGE DES ROSENBEETES

Abb. 10: Rosengabel: mit ihr können Sie den Boden noch bis in hinreichende Tiefe auflockern, ohne allzuviele Rosenwurzeln oder den Wurzelhals zu verletzen.

Zu den wichtigsten Pflegemaßnahmen im Rosenbeet oder -garten gehört die sorgfältige und regelmäßige Bearbeitung des Bodens.
Nach dem Schnitt der Rosen und dem Ausbringen der ersten Düngung im Frühjahr (März/April) wird der Boden um die Rosen herum 10–15 cm tief gründlich gelockert. Dafür eignet sich am besten eine zweizinkige Rosengabel, die im Fachgeschäft erhältlich ist (siehe Abb. 10). Auch nach starken Regenfällen oder nach der Bewässerung der Rosen sollten Sie den Boden hin und wieder einmal – sobald er oberflächlich trokken ist – einige Zentimeter tief auflockern. So bleibt die Feuchtigkeit besser im Boden gespeichert, der so wichtige Luftaustausch zwischen Boden und Atmosphäre wird intensiviert und die Verkrustung der Bodenoberfläche gehemmt. Um eine unerwünschte Verdichtung des Bodens zu vermeiden, darf der Boden so wenig wie möglich, vor allem niemals naß betreten werden.
Die nötige Auflockerung des Bodens läßt sich zu einem großen Teil durch ein Abdecken des Bodens mit organischen Materialien (»Mulchen«) erreichen. Das Ausbringen einer 10–15 cm dicken Mulchschicht aus älterem, strohigem Mist, kurzgeschnittenem Stroh, gut verrottetem Kompost, Grasschnitt o. ä. verhindert die Austrocknung des Bodens, reichert ihn mit Humus an, lockert ihn und aktiviert die Bodenorganismen. Zudem wird die Ausbreitung von Unkräutern verhindert. Bereits früh im November oder auch im Frühjahr können Sie die Mulchschicht nach Schnitt, Düngung und Bodenbearbeitung im Rosenbeet verteilen.
Damit das Abdecken des Bodens auch den erhofften Erfolg bringt, darf die Mulchschicht nicht zu dünn sein (10–15 cm!). Besonders auf leichten, sandigen Böden empfiehlt es sich, jeden Herbst eine Mulchschicht auszubringen, da in diesen Böden ständig für Nachschub an Humus gesorgt werden muß.
Tritt in Ihrem Rosenbeet Unkraut auf, sollten Sie es regelmäßig von Hand oder durch vorsichtiges, oberflächliches Lokkern des Bodens mit einer Hacke entfernen (Vorsicht Wurzeln!). In den Rosenbeeten sieht Unkraut nicht nur unschön aus, sondern es konkurriert stark mit den Rosen um Licht, Wasser und Nährstoffe.
Auch Wildtriebe, die an den Wurzeln oder dem Wurzelhals der Rosenunterlage entstehen, hindern das Wachstum ihrer Wildrose. Deshalb sollten Sie diese, selbst wenn Sie dazu den Wurzelhals oder die Wurzeln der Rose freilegen müssen, an ihrem Ausgangspunkt nach unten wegdrücken oder vorsichtig abreißen. So gehen Sie sicher, daß sich an dieser Stelle kein neuer Wildtrieb bildet.

Düngung

Eine der Grundvoraussetzungen für die Gesundheit Ihrer Rosen ist eine ausgewogene Ernährung. Viele Wildrosenarten und -sorten geben sich zwar auch mit nährstoffarmen Böden zufrieden und vertragen es bisweilen sogar, wenn man sie ganz ihrem Schicksal überläßt. Aber gerade viele der neueren Wildrosenzüchtungen benötigen einen regelmäßigen Nachschub an Humus und Nährstoffen, um sich voll entwickeln und entfalten zu können. Mit Hilfe einer regelmäßigen, wohldosierten Düngung, die auch den anspruchsloseren Wildrosen nicht schaden kann, läßt sich eine Über- bzw. Unterversorgung mit Nährstoffen vermeiden.

Empfehlenswert ist eine Düngungsmethode, die zum Beispiel im Rosarium in Dortmund mit gutem Erfolg eingesetzt wird. Dabei handelt es sich um eine Kombination aus organischer und mineralischer Düngung. Im Spätherbst oder Winter wird organisch gedüngt, d. h. Sie bringen eine mindestens 5 cm dicke Schicht von gut verrottetem, strohigem Mist, stark zersetztem Kompost, kurzgeschnittenem Stroh o. ä. auf Ihren Rosenbeeten aus. Diese organischen Materialien regen das Bodenleben an, lockern den Boden und führen ihm gleichzeitig Nährstoffe sowie Humus zu. Im Frühjahr (am besten im März nach dem Schnitt der Rosen) düngen Sie mineralisch. Pro Quadratmeter Beetfläche wird zum Beispiel eine Handvoll Blaukorn oder spezieller Rosendünger ausgestreut und vorsichtig (Wurzeln!) einige Zentimeter tief in den Boden eingearbeitet. In jedem Fall muß der Dünger chloridfrei sein, da Rosen chloridempfindlich sind. Zu Beginn der Rosenblüte im Mai/Juni verabreichen Sie nochmals die gleiche Menge mineralischen Dünger wie im Frühjahr. Im Herbst erfolgt dann wieder die organische Düngung.

Ist der Boden zum Zeitpunkt der Düngung trocken, sollten Sie ihn vorher und auch danach kräftig wässern. Frisch gesetzte Rosen (unabhängig davon, ob im Herbst oder Frühjahr gepflanzt) erhalten erst dann eine mineralische Düngergabe, wenn sich die ersten Blütenknospen zeigen. Zu diesem Zeitpunkt kann man sicher sein, daß sich das frische Wurzelwerk der jungen Rosen gut ausgebildet hat und nicht mehr durch den Dünger geschädigt wird.

Spätestens ab Mitte Juli sollten Sie nicht mehr düngen, damit das Holz der Rosen noch rechtzeitig vor dem Winter ausreifen und eine genügende Frosthärte entwickeln kann.

Wenn Ihnen bei Ihrer Düngepraxis Zweifel kommen, so können Sie Ihren Boden in einem Labor für Bodenanalysen untersuchen lassen. Zusammen mit den Analysewerten erhalten Sie dann Empfehlungen für die Düngung Ihrer Rosen, die speziell für Ihren Boden ausgelegt sind.

TIP Manchmal kümmern neugepflanzte Rosen vor sich hin, während ältere bestens gedeihen. An Standorten, an denen bereits seit mehreren Jahren Rosen wachsen, wird der Boden müde. Dann hilft nur frische Erde. Wechseln Sie also den Standort für Ihre Rosen. Wollen Sie nur einzelne Pflanzen ersetzen, machen Sie sich die Mühe und tauschen den Boden aus. Dazu wird mit dem Spaten ein bis zu 60 cm tiefes Loch ausgehoben und mit frischer Erde aufgefüllt.

Bewässerung

Bei langanhaltender Trockenheit und besonders in der Zeit nach dem Pflanzen müssen Sie zu Gießkanne oder Gartenschlauch greifen, um Ihre Wildrosen mit Wasser zu versorgen. Beim Gießen sollten folgende Grundregeln beachtet werden: 1. Frisch gepflanzte Rosen sowie Rosen an trockenen Standorten (auf sandigen Böden, nah an Hauswänden) müssen öfter gegossen werden. 2. Gießen Sie Ihre Rosen nie in der Mittagssonne, nutzen Sie dazu die kühleren Abend- oder Morgenstunden! 3. Achten Sie darauf, daß nur der Boden und nicht die Pflanze naß wird, da sich auf nassen Blättern eher schädigende Pilze ansiedeln. 4. Wässern Sie Ihre Rosen lieber seltener und dafür gründlich – mindestens 20 l/m^2. Nach einer ausgiebigen Wasserzufuhr können Sie eine längere Gießpause einlegen (je nach Bodenart, Standort und Alter der Rose). 5. Ist Ihr Boden stark ausgetrocknet, so machen Sie ihn vor dem eigentlichen Bewässern gut naß. In jedem Fall müssen Sie sich aber beim Gießen Zeit lassen. Das Wasser soll hauptsächlich in den oberen Bodenbereich gelangen und nicht durch die gröberen Poren des Bodens schnell versikkern. Deshalb wird das Wasser langsam und mit schwachem Strahl an die Rosen gegossen. 6. Wenn der Boden wieder leicht angetrocknet ist, lockern Sie die oberen 3–5 cm auf. Dadurch hält sich die in den Boden eingebrachte Feuchtigkeit besser. 7. Zum Schutz vor dem Austrocknen und Verkrusten des Bodens wurde an anderer Stelle bereits das Mulchen der Rosenbeete empfohlen.

Rosa acicularis bringt im Mai/ Juni leicht duftende, zartrosa Blüten hervor, die den Strauch reizvoll beleben.

DAS SCHNEIDEN VON WILDROSEN

Während bei den meisten Wildrosenarten auf weitgreifende Schnittmaßnahmen verzichtet werden kann, so gehört besonders bei vielen der Wildrosenzüchtungen das regelmäßige Schneiden der Sträucher zu den unerläßlichen Pflegemaßnahmen, um die Gesundheit, Widerstandskraft und Blühwilligkeit der Rosen zu erhalten oder zu verbessern. Die folgenden Anweisungen sind lediglich Richtlinien, die je nach Ihren Wünschen und nach den Eigenschaften der betreffenden Rosen variiert werden können. Mit der Zeit entwickeln Sie auch selbst ein Gespür dafür, ob und wieviel geschnitten werden muß.

Die Mehrzahl der Wildrosen zählt zur Gruppe der Strauchrosen. Einige Arten bzw. Sorten gehören auch zu den Kletterrosen oder können als Stammrosen angezogen werden. Der Schnitt richtet sich nicht nur nach den Wuchs- und Blüheigenschaften dieser Rosengruppen, sondern vor allem auch nach Ihren eigenen Vorstellungen. In jedem Fall aber hängt die Schnittwirkung von der Wuchskraft der Sorte sowie der Art des Rückschnittes ab. Ein starker Rückschnitt bewirkt einen kräftigen, späten Austrieb und Blühbeginn. Ein schwacher Rückschnitt hingegen hat genau das Gegenteil zur Folge: einen frühen, schwächeren Austrieb und eine zeitig einsetzende Blüte. Berücksichtigt man die sortenspezifische Wuchskraft und die Stärke der einzelnen Rosentriebe, läßt sich die folgende Regel aufstellen:

Starkwüchsige Rosen mit starken Trieben werden wenig, schwachwüchsige Rosen mit schwachen Trieben dagegen stark zurückgeschnitten (siehe Abb. 11). Der günstigste Zeitpunkt für den Hauptschnitt fast aller Wildrosen liegt im Frühjahr. Er sollte durchgeführt werden, wenn die unteren Knospen des Rosentriebes zu schwellen beginnen. Ausnahmen machen Kletterrosen und öfterblühende Strauchrosen, da bei ihnen zumindest ein Teil der Schnittarbeit in den Sommer fällt.

Am Werkzeug sollten Sie in keinem Fall sparen! Für einen sachgemäßen, fachkundigen Rosenschnitt benötigen Sie eine sauber und glatt schneidende Schere sowie für dickere Äste u. U. auch eine gute Astschere. Verwenden Sie ungeeignetes Werkzeug, so können Sie Ihren Rosen erheblichen Schaden zufügen und sich selbst die Arbeit unnötig erschweren.

Die richtige Vorgehensweise beim Einkürzen von Trieben zeigt Ihnen Abb. 12 (e) – wie Sie es nicht machen sollten (a–d). Der korrekt ausgeführte Schnitt wird leicht schräg in einem Abstand von etwa 0,5 cm über dem Auge angesetzt. Die Schnittfläche ist glatt und fällt leicht vom Auge weg nach hinten ab. Sollen Seiten- oder ganze Triebe entfernt werden

Abb. 11: Rückschnitt in Abhängigkeit von der Dicke der Triebe: kräftige Triebe werden weniger weit zurückgeschnitten als dünne.

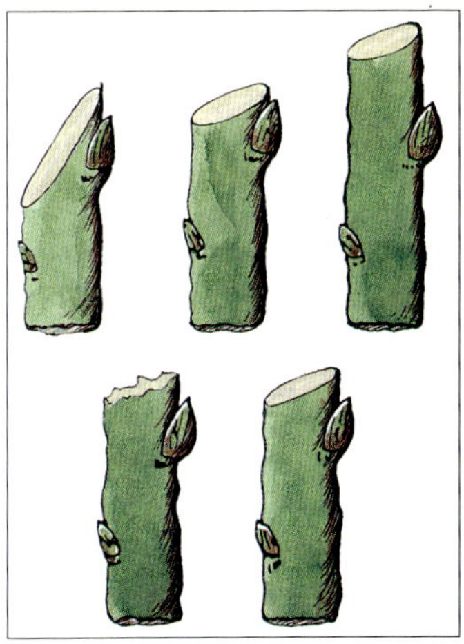

Abb. 12: a) zu steil; b) zu nah am Auge; c) zu weit weg vom Auge; d) unsauberer Schnitt durch »reißendes« Werkzeug: eine Eintrittspforte für Schädlinge! e) richtiger Schnitt

Abb. 13: Beim Entfernen von Trieben (Seiten- oder Haupttriebe) keinen Zapfen stehenlassen!

Abb. 14: Ein auf fünf Augen eingekürzter Seitentrieb. Beim Rückschnitt des Haupttriebes würde man die Augen vom Boden aus nach oben zählen.

(Abb. 13), so darf kein Zapfen zurückbleiben (a). Die Seitentriebe sind direkt an ihrer Entstehungsstelle abzuschneiden (b), ganze Haupttriebe aber so nah wie möglich am Boden.

DER PFLANZSCHNITT

Sowohl bei Herbst- als auch bei Frühjahrspflanzung wird der Schnitt der oberirdischen Triebe immer erst im Frühjahr vorgenommen. Die Rosen werden dabei einheitlich stark zurückgeschnitten: kräftige Triebe auf maximal 5 Augen, schwache Triebe auf 3 Augen eingekürzt. Die Augen werden dabei vom unteren Ende des entsprechenden Triebes nach oben gezählt (siehe Abb. 14).

DER SCHNITT IN DEN FOLGEJAHREN

Für alle Wildrosenarten und -sorten gilt, daß regelmäßig im Frühjahr totes, abgebrochenes und sehr schwaches Holz entfernt werden sollte, um die Pflanzen auszulichten und Platz für junge Triebe zu schaffen. Zudem werden luftige und nicht zu dichte Sträucher weniger von Schadorganismen befallen. Sowohl bei Kletter- als auch bei Strauchrosen müssen alle 2–3 Jahre die ältesten Triebe am Erdboden abgeschnitten werden. Eine stark ausgelichtete Strauchrose zeigt die Abb. 15. Durch ein solches Auslichten werden die Sträucher zur Bildung junger, gesunder Neutriebe angeregt und »vergreisen« nicht so schnell.

Einmalblühende Strauchrosen: Zu dieser Gruppe gehören die meisten Wildrosenarten sowie viele der in freier Natur oder durch Züchtung entstandenen Wildrosensorten. Sie blühen an den Spitzen und Seitentrieben des im Vorjahr ausgebildeten Holzes, d. h. ein Schnitt im Frühjahr würde die Blütenanlagen für die kommende Blühperiode entfernen. Neben dem oben beschriebenen Entfernen kranker, schwacher und überalterter Triebe fällt bei Vertretern dieser Rosengruppe zusätzlich keine Schnittarbeit an. Gerade Wildrosensträucher gedeihen in der Regel ohne einen Rückschnitt der Triebe am besten und entwickeln erst bei freiem Wachstum den für sie typischen, ungezwungenen Wuchscharakter.

Öfterblühende Strauchrosen: Auch diese Rosen, zu denen wenige Wildrosenarten, aber viele Wildrosensorten zählen, werden laufend ausgelichtet. Bei sparrigem und kümmerlichem Wuchs der Rose kann es angebracht sein, im Frühjahr die Triebe einzukürzen: Starke Triebe werden um ein Drittel ihrer Länge, schwache Seitentriebe auf 3–5 Augen zurückgeschnitten. Nach diesem Rückschnitt im Frühjahr werden im Sommer die verwelkenden Blütenstände abgeschnitten, um den nachfolgenden Blütenflor zu kräftigen. Bei einigen Wildrosenarten und -sorten (z. B. *Rosa rugosa*), die auch Hagebutten an ihren Sträuchern ausbilden, sollte man bedenken, daß durch das Abschneiden der verwelkten Blütenstände auch die Anlagen für die Ausbildung von Hagebutten entfernt werden.

Kletterrosen: Handelt es sich bei Ihrer Kletterrose um eine Wildrosen*art*, so genügt in der Regel das Herausnehmen schwacher, kranker und überalterter Triebe. Bei den meisten Wildrosen*sorten* hingegen sollten die Seitentriebe am älteren Holz je nach ihrer Stärke auf 2–5 Augen eingekürzt und schwache Seitentriebe sowie verwelkte Blütenstände entfernt werden. Außerdem müssen Sie alle 2–3 Jahre wie bei Strauchrosen die ältesten Triebe so weit unten wie möglich wegschneiden, um die Bildung von Neutrieben zu fördern. Achten Sie beim Schneiden *einmalblühender* Kletterrosen darauf, daß die zuletzt gewachsenen Triebe geschont werden, da an ihnen die meisten Blüten für die nächste Blütezeit gebildet werden. Sie sollten also wirklich nur die Seitentriebe des *älteren* Holzes einkürzen. Bei *mehrmalsblühenden* Kletterrosen hingegen können grundsätzlich alle Seitentriebe gekürzt werden. Obwohl die beschriebenen Schnittmaßnahmen prinzipiell auch im Frühjahr durchgeführt werden können, liegt der beste Zeitpunkt für den Schnitt Ihrer Kletterrosen – besonders bei einmalblühenden Rosen – direkt im Anschluß an die Blüte, um dadurch die Ausreife des jungen Holzes voranzutreiben.

Stammrosen: Im Falle von Wildrosen sind Stammrosen meistens nichts anderes als auf einen 140 cm hohen Stamm veredelte kletternde Wildrosen, die dann als Trauerrosen bezeichnet werden. Auch für sie gilt: im Frühjahr auslichten und die Seitenzweige der verbleibenden Haupttriebe in Abhängigkeit von der Art der Rose (einmal- oder öfterblühend) wie vorab beschrieben zurückschneiden.

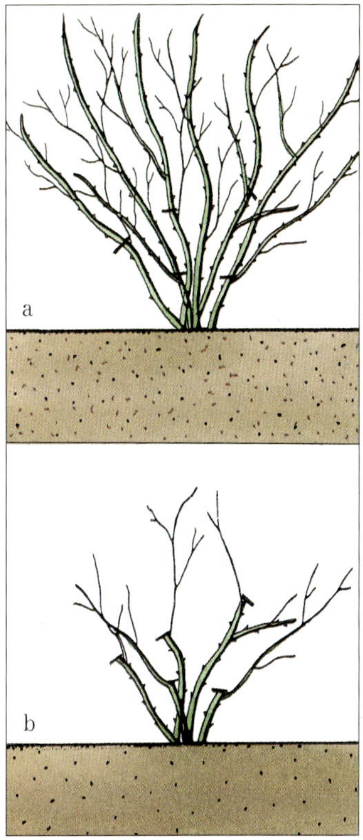

Abb. 15: a) Vorher: die Schnittstellen sind durch Striche angedeutet. b) Nachher: der dritte Trieb von rechts wurde entfernt, die anderen Triebe sind stark eingekürzt und auf geeignete Seitentriebe »abgeleitet«.

Die leicht überhängenden Sträucher der Rosa centifolia bringen wohlriechende Blüten hervor, tragen jedoch nur selten Hagebutten.

ROSENKRANKHEITEN – VORBEUGUNG UND BEKÄMPFUNG

TIP Wie wär's mit einem schönen Strauß Rosen aus dem eigenen Garten? Sicherlich eine gute Idee – bedenken Sie aber beim Abschneiden der Blüten, daß Sie die Blütenstiele so weit unten wie möglich abschneiden, ohne Zapfen stehenzulassen. Benutzen Sie außerdem nur solche Scheren, die wirklich schneiden und nicht quetschen! Denn vor allem unsaubere Schnittstellen an ihren Rosensträuchern erhöhen die Gefahr von Erkrankungen ganz erheblich – sie sind geradezu vorzügliche Angriffspunkte für Krankheitserreger.

Vorrangig im Kampf gegen Rosenkrankheiten und -schädlinge sollten vorbeugende Maßnahmen sein. Dazu zählen u. a. auch bereits die Hinweise, die Ihnen zu Auswahl und Kauf, Pflanzung und Pflege Ihrer Wildrosen gegeben wurden. Gezielte Rosenauswahl, Wahl eines geeigneten Standortes sowie sorgfältige und regelmäßige Pflegemaßnahmen tragen nicht unerheblich zum Schutz Ihrer Wildrosen vor Krankheiten bei. Kräftige und gesunde Rosensträucher sind die beste Voraussetzung zur Vermeidung von Krankheiten.
Obwohl gerade viele Wildrosenarten und -sorten von Natur aus weniger anfällig sind und trotz aller vorbeugenden Maßnahmen, lassen sich oftmals Erkrankungen nicht vermeiden.
Ehe Sie Schädlinge und Pflanzenkrankheiten mit chemischen Pflanzenschutzmitteln bekämpfen, sollten Sie sich gut überlegen, ob nicht dieselbe Wirkung durch natürliche, wesentlich umweltfreundlichere Maßnahmen zu erzielen ist. Feinde der Blattläuse zum Beispiel sind Marienkäfer und deren Larven, Meisen, Florfliegen, Schlupfwespen usw.
In jedem Fall sollten Sie gut abwägen, ob der Einsatz chemischer Schädlingsbekämpfungsmittel wirklich unvermeidlich ist! Beim Gebrauch derartiger Pflanzenschutzmittel ist stets daran zu denken, daß diese Gifte die Umwelt belasten. Gehen Sie vorsichtig und stets nach Anleitung mit diesen Mitteln um! Verwenden Sie diese ausschließlich in den angegebenen Konzentrationen und Mengen! Bereiten Sie auch nur soviel Spritzbrühe vor, wie Sie tatsächlich benötigen! Lassen Sie sich im Fachhandel ausführlich über die angebotenen Pflanzenschutzmittel beraten. Verlangen Sie Pflanzenschutzmittel, die nicht bienengefährlich und nützlingsschonend sind! Bei wiederholtem Einsatz von Spritzmitteln empfiehlt es sich zudem, die Wirkstoffe bzw. Präparate zu wechseln, um die Entwicklung resistenter Schädlingsgenerationen zu vermeiden.
Im folgenden werden stichwortartig einige der wichtigsten Rosenkrankheiten und -schädlinge beschrieben sowie Maßnahmen zu deren Bekämpfung empfohlen. Umfassendere Informationen dazu sowie zu den Möglichkeiten der Bekämpfung finden Sie in der weiterführenden Fachliteratur (siehe Anhang).

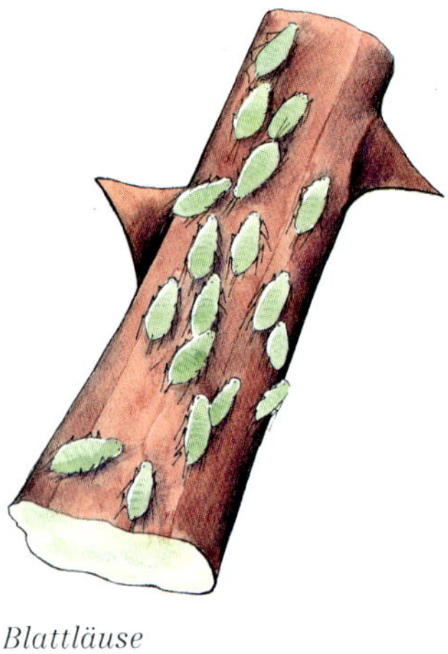

Blattläuse

PILZKRANKHEITEN

Wichtig bei der Bekämpfung der aufgeführten, wichtigsten Pilzerkrankungen der Rosen ist vor allem die Hygiene im Rosenbeet, d. h. die Entfernung und Vernichtung der von Pilzen befallenen Pflanzenteile. Daneben läßt sich der Pilzbefall von Rosen häufig auch auf natürlichem Wege eindämmen wie durch das Bestäuben der taufeuchten Blätter mit Gesteinsmehlen, Holzasche, Algenkalk oder aber auch durch das Spritzen der Rosen mit Algenextrakt oder Schachtelhalm-Absud (100 g frischen oder 30 g getrockneten Schachtelhalm; 20 Minuten in Wasser kochen, auf 10 l verdünnen). Anorganische Schwefel- und Kupferpräparate in den jeweils angegebenen Aufwandmengen sind nicht bienengefährdend und weder für Mensch noch Tier bedenklich (zum Beispiel Netzschwefel, Kupfersalze). Nur wenn es sich absolut nicht vermeiden läßt, sollten Sie chemische Pflanzenschutzmittel zur Bekämpfung von Pilzerkrankungen an Ihren Rosen einsetzen!

Echter Mehltau: Weißer mehliger Überzug auf Trieben, Knospen und Blättern; dadurch Austrocknen der Blätter, schlechte Ausreife des Holzes, geringe Forsthärte: *Vorbeugung:* Wahl widerstandsfähiger Arten und Sorten, luftiger Standort, Hygiene im Rosenbeet, Vermeidung einseitiger Stickstoff- und Kalk-Gaben.

Sternrußtau: Violettbraune bis schwarze Flecken auf den Blättern (bis zu 1 cm groß), die zum Blattrand hin meist sternförmig auslaufen; Blätter vergilben, fallen leicht ab, schlechte Holzausreife, mangelnde Frosthärte. *Vorbeugung:* Luftiger, nicht zu feuchter oder schattiger Standort; ausgewogene Düngung; Pflanzen immer gut auf Befall hin kontrollieren; Hygiene im Rosenbeet.

Rosenrost: Gelb- bis rotgefärbte Flecken auf der Blattoberseite; gelbe Pusteln (Sporenlager) auf der Blattunterseite; Blattfall, Triebverkrümmungen. *Vorbeugung:* Gut durchlüftete, nicht feuchte Standorte, gute Ernährung (Kalium); Hygiene im Rosenbeet.

Falscher Mehltau: Unregelmäßig geformte, gelbbraune bis rötlich-blaue Flecken, die später eintrocknen; blattunterseits grünlich-weißer Schimmel; Blätter rollen sich ein, welken und fallen ab; allgemeine Schwächung der Rose. *Vorbeugung:* heller, luftiger Standort, Hygiene im Rosenbeet.

TIERISCHE SCHÄDLINGE

Bei der Bekämpfung von Roter Spinne, Blattläusen oder anderen tierischen Schädlingen an Ihren Rosen sollten Sie sich deren natürliche Feinde zunutze machen. Im Fachhandel können Sie solche Nützlinge beziehen (zum Beispiel Raubmilben, Gallmücken, Larven von Florfliegen), die sich von diesen Rosenschädlingen ernähren. Auf diese Weise läßt sich der Befall Ihrer Wildrosen sehr wirkungsvoll vermindern. Ein leichter Befall mit Blattläusen kann häufig bereits durch das Aussetzen von Marienkäfern abgewehrt werden. Auch das Abgießen der Rosenpflanzen mit Seifenwasser ist in solchen Fällen hilfreich. Auch zur Abwehr tierischer Schädlinge sollten Sie so wenig chemische Pflanzenschutzmittel wie möglich einsetzen.

Echter Mehltau

Sternrußtau

Rosengallwespe

Nach der Überzeugung vieler Rosengärtner soll der Duft von Lavendel bei Rosen den Schädlingsbefall verhindern.

Rote Spinne: Grün-gelbe oder rötliche, weniger als 1 mm große Milben auf der Blattunterseite; sehr feine Gespinste; viele punktförmig aufgehellte Saugstellen; später vergilben die Blätter und fallen ab; allgemeine Schwächung der Pflanze. *Vorbeugung:* Unbedingt heiße, trockene Standorte (Südwände, Nähe von Asphaltwegen) meiden.

Blattläuse: Vorwiegend junge und zarte Pflanzenteile werden von verschiedenfarbigen Blattläusen befallen und angesaugt; dadurch Kräuseln, Verfärben und Verkümmern der Blätter und Triebe. *Vorbeugung:* Luftiger, freier Standort; Blattlaus-Eigelege entfernen (kleine, glänzende, schwarze Eier an Zweigen und Trieben); Förderung der natürlichen Feinde (Vögel, Marienkäfer, Florfliege usw.).

Rosenzikade: Blätter oberseits durch Saugtätigkeit gelblichweiß gescheckt, unterseits 3–4 mm lange, geflügelte, springende, gelblich-weiße Zikaden; Blätter vertrocknen, Knospen verkrüppeln, deutliche Beeinträchtigung des Wachstums: *Vorbeugung:* Allzu geschützte Standorte meiden; bei starkem vorjährigem Befall evtl. Austriebsspritzung.

WINTERSCHUTZ

Während die meisten Wildrosen aus unseren Breiten keinerlei Winterschutzmaßnahmen benötigen, ist es bei Wildrosen aus wärmeren Herkunftsländern, aber auch bei veredelten Wildrosen besonders wichtig, rechtzeitig Winterschutzmaßnahmen zu ergreifen. Dazu gehört das ausreichend tiefe Einpflanzen der Rosen, d.h. Wurzelhals bzw. Veredelungsstelle müssen tief genug in den Boden gepflanzt werden (3 bis maximal 5 cm; siehe Abb. 3). Als ersten Schritt des Winterschutzes muß man die Stickstoff-Düngung rechtzeitig (spätestens Mitte Juli) beenden. Nur eine Pflanze, die ihr Wachstum früh genug einstellt und deren Triebe somit vor dem Winter gut ausreifen können, ist gerüstet, den Winter schadlos zu überstehen. Ab September sollten Sie den Boden nicht mehr bearbeiten, damit auch die Bodenorganismen zur Ruhe kommen und keinen Stickstoff mehr freisetzen.

Für die eigentlichen Winterschutzmaßnahmen darf der Zeitpunkt in keinem Fall zu früh gewählt werden. Solange es die Witterung zuläßt sollten die Rosen der frischen Luft ausgesetzt sein. Erst wenn Dauerfrost zu erwarten ist oder die Temperaturen unter −10 °C fallen, beginnen Sie mit den Arbeiten.

Im Anschluß werden Maßnahmen beschrieben, die Sie für den Winterschutz von Strauch-, Kletter-, Stammrosen und Rosen in Pflanzgefäßen ergreifen sollten.

TIP Ganz wichtig: Abgefallene Blätter müssen Sie unbedingt aufsammeln und vernichten, da an ihnen gerne Erreger von Pilzkrankheiten überwintern. Als Abdeckung der angehäufelten Pflanzen ist in der Regel Fichtenreisig zu empfehlen. So wird die Pflanze vor der Wintersonne geschützt. Wenn die Nadeln im Frühjahr abrieseln, können Luft und Sonne wohldosiert an die Triebe gelangen.

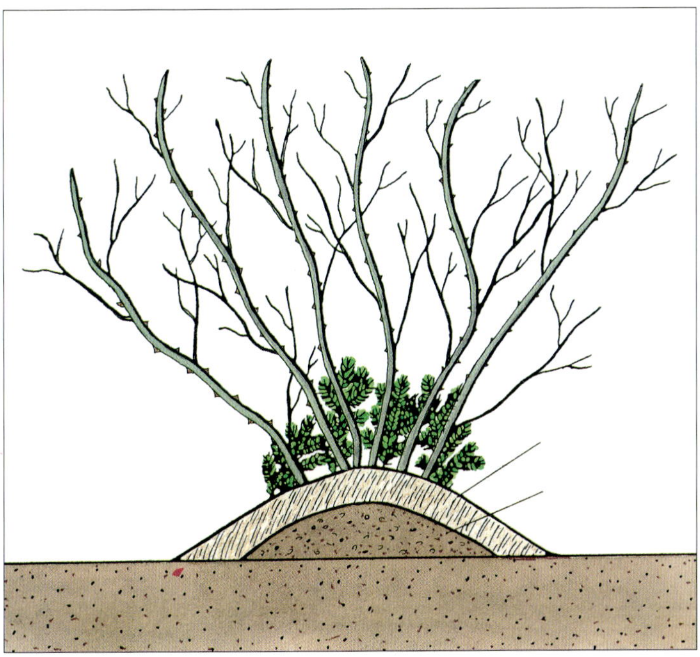

Abb. 16: Strauchrose mit optimalem Winterschutz: Die Erde, die Sie zum Anhäufeln benötigen, ziehen Sie vorsichtig (Achtung Wurzeln!) aus der Umgebung der Rose zusammen und legen strohigen Mist, Kompost, Bohnen- oder Heidekraut o. ä. obenauf. Das Reisig legen oder stecken Sie als eine lockere Schicht auf diesen Hügel bzw. zwischen die Triebe – ein idealer Sonnen- und Windschutz für Ihre Rose!

STRAUCHROSEN

Handelt es sich bei Ihren Wildrosen nicht um frostharte Arten oder Sorten, die normalerweise auch ohne Winterschutz auskommen, sollten Sie als erstes die Rosen mit einem 10–20 cm hohen Erdhügel anhäufeln (siehe Abb. 16). Als zweite Schutzschicht – oder auch wenn die Erde nicht reichen sollte – geben Sie dann strohigen Mist, gut verrotteten Kompost, Bohnenstroh, Heidekraut o. ä. auf den Erdhügel und auch um die Rosen herum. Sie können auch besonders sorgfältig vorgehen und die Rosentriebe noch zusätzlich mit Nadelholzreisig (zum Beispiel von einem ausgedienten Weihnachtsbaum siehe Abb. 16) schützen. Es dient als Sonnen- und Windschutz und schützt Ihre Wildrose vor gefährlichen, extremen Temperaturschwankungen, die besonders an strahlungsreichen Tagen im Januar und Februar auftreten können.

Der Winterschutz darf nicht zu früh entfernt werden. Ein Richtwert für den geeigneten Zeitpunkt ist der Beginn der Forsythienblüte, der in der Regel Ende März/Anfang April liegt. An einem keineswegs sonnigen, sondern eher trüben Tag können Sie dann das Reisig wegnehmen und die übrigen Abdeckmaterialien (Kompost, Mist, Erde usw.) gleichmäßig im Rosenbeet verteilen.

Abb. 17: Winterschutz für Kletterrosen: der Erdhügel gehört genauso dazu wie eine schützende Schicht aus strohigem Mist, Kompost o. ä., die in einem Durchmesser von etwa 70 cm um die Rose herum und evtl. auch auf den Erdhügel verteilt wird. Zum Schutz der kletternden Triebe hängen Sie Nadelholzreisig fischschuppenartig bis in eine Höhe von ca. 80–100 cm in die Triebe hinein.

KLETTERROSEN

Auch unter den Wildrosen und ihren Züchtungen finden wir frostempfindliche Kletterrosen. Sie werden im unteren Bereich 10–20 cm hoch mit Erde angehäufelt und die Triebe auf die in Abb. 17 dargestellte Weise mit Nadelholzreisig geschützt. Sie können die Triebe aber auch in dünnes Juteleinen einbinden. Das Entfernen des Winterschutzes erfolgt wie bei den Strauchrosen.

STAMMROSEN

In den Kronen von Stammrosen sitzen oftmals zum Zeitpunkt der Einwinterung noch Blätter. Diese sollten abgepflückt oder abgeschnitten werden. Die noch weichen Triebspitzen müssen entfernt werden, da diese sonst den Winter über nur verfaulen würden. Ist der Stamm der Rose noch biegsam, wird die Rose vorsichtig niedergelegt (siehe Abb. 18), und zwar in Richtung der natürlichen Biegung am Fuß des Stammes (siehe Abb. 8). Dazu gräbt man den Stamm bis zur Wurzel frei, um so die Krümmung des Stammes besser zu erkennen. Ergreifen

Abb. 18: Winterschutz für Stammrosen: Krone und Veredlungsstelle – sie sitzt etwas unterhalb der Krone – werden z. B. mit Stroh, Holzwolle, Heidekraut oder Erde locker angefüllt bzw. umhüllt. Dabei dürfen keine großen Hohlräume entstehen. Trotzdem sollte die Füllung aber nicht zu fest und dicht gepackt sein. Mit Hilfe von Astgabeln oder über Kreuz gesteckten Holzstäben befestigen Sie dann den Stamm am Boden. Zum Abschluß bedecken Sie die Krone noch mit einer Schicht Erde. Zusätzlich können Sie auch hier Nadelreisig als Schutzschicht obenauf legen bzw. in den Schutzhügel hineinstecken. Den Stamm sollten Sie mit dünnen, aufgeschnittenen Juteleinensäcken oder mit Reisig umhüllen, in keinem Fall aber mit Plastiktüten.

Sie mit der einen Hand die gebogene Stelle unten am Stamm und biegen Sie den Stamm dann vorsichtig mit der anderen Hand herunter. Mit Astgabeln o. ä. wird der Stamm am Boden festgehalten. In besonders milden Gegenden reicht normalerweise das Schützen der empfindlichen Veredelungsstelle als Winterschutz aus. Dazu binden Sie den Veredelungsknoten mit Holzwolle, Stroh, Reisig oder auch Moos ein.

Ist Ihre Stammrose so alt, daß sich ihr Stamm nicht mehr herunterbiegen läßt, so binden Sie die Krone zusammen, verpacken diese in Holzwolle, Heidekraut o. ä. und schützen sie noch vorsorglich mit einer Reisigschicht. Der Stamm wird ebenfalls mit Reisig oder Juteleinen umhüllt – auch hier gilt: kein Plastikmaterial verwenden! Denn in Plastiktüten staut sich bei Sonnenschein über Tag extrem viel Wärme. Die starke Temperaturabsenkung in der Nacht kann dann die Rose stark schädigen!

Das Abnehmen der schützenden Hüllen erfolgt bei Stammrosen zum gleichen Zeitpunkt wie bei den übrigen Rosen. Der Stamm sollte dann nicht sofort wieder angebunden und in seine senkrechte Haltung gezwungen werden. Entfernen Sie die Astgabeln, die den Stamm am Boden gehalten haben und lassen Sie ihn erst einmal ein paar Tage lang in der Position verharren, die er dann von selbst einnimmt.

ROSEN IN PFLANZGEFÄSSEN

Sie werden bei Frost in einen kühlen, aber frostfreien Raum gestellt und dort überwintert. Mit der Rückkehr ins Freie sollten Sie auf alle Fälle warten, bis wirklich keine Fröste im Frühjahr mehr drohen.

WILDROSEN IN BEETEN UND GÄRTEN

Wildrosen sind keineswegs so wild und unzähmbar, wie ihr Name es vielleicht vermuten ließe. Trotz des bisweilen recht großen Platzbedarfes läßt sich die für sie so typische, schlichte Schönheit mit Leichtigkeit einfangen und in nahezu jeden Hausgarten einbeziehen. Durch ihren urwüchsigen Charakter und ihre große Anpassungsfähigkeit können Wildrosen auf vielfältige Weise Ihren Garten bereichern. In welchem Bereich Ihres Gartens kommen Wildrosen am besten zur Geltung? Mit welchen anderen Pflanzen lassen sich Wildrosen zu einer harmonischen Pflanzengemeinschaft arrangieren? Diese und andere Fragen der Gestaltung werden im folgenden Kapitel beantwortet sowie allgemeine Hinweise, ganz konkrete Anregungen und Pflanzbeispiele gegeben. Letztlich aber sind Ihre Kreativität und Ideen gefragt, wenn es darum geht, ein »Pflanzkonzept« für Ihren Garten zu entwickeln.

Ein Quellstein – hier vor dem üppig blühenden Strauch der Rosa moyesi 'Marguerite Hilling' – ist ein belebendes Gestaltungselement im Rosengarten.

ALLGEMEINE HINWEISE

Um sich über die besonderen Eigenschaften von Wildrosen zu informieren, möchte ich Ihnen besonders empfehlen, möglichst viele persönliche Eindrücke zu sammeln. Nicht nur in Botanischen Gärten und in speziellen Rosengärten, sondern gerade auch in der freien Natur lassen sich auf vielfältige Weise Merkmale und die Verwendungsmöglichkeiten von Wildrosen feststellen. Bei einem Spaziergang durch Wald und Wiesen oder auch in einer weitläufigen Parklandschaft entwickeln Sie sicherlich schnell eigene Ideen für die Einbeziehung von Wildrosenarten und -sorten in Ihren Garten.

Wildrosen lassen sich in sehr unterschiedlicher Weise in unseren Gärten verwenden: als Einzelsträucher, in Gruppen mit anderen Gehölzen, in Staudenrabatten, als Heckenpflanzen usw. Bei jeder dieser unterschiedlichen Verwendungsmöglichkeiten sollte aber ein Grundsatz gleichermaßen gewahrt bleiben: Ähnlich wie andere Rosengruppen sollten auch Wildrosen im Garten die Pflanzen sein, deren Ausstrahlung durch die Begleitpflanzen bekräftigt wird. Gerade da Wildrosen von ihrer Gesamterscheinung her eher schlicht und wenig aufdringlich wirken, dürfen sie auf keinen Fall durch die Pflanzen in ihrer Nachbarschaft erdrückt werden. Die gezielte Auswahl der Begleitpflanzen sowie die vorausschauende Einplanung der endgültigen Strauchgrößen und somit das Einhalten entsprechender Pflanzabstände sind besonders wichtig, um den einzigartigen Charakter der Wildrosen zu bewahren und hervorzuheben.

Wie an ihren natürlichen Standorten, so lassen sich Wildrosen auch im Privatgarten sehr gut mit Laub- und Nadelbäumen sowie mit anderen Sträuchern in einer ausgewogenen Pflanzengemeinschaft kombinieren (zum Beispiel mit Berberitzen, Birken, Cotoneaster, Ebereschen, Eiben, Fichten, Haselnuß, Scheinzypressen, Tamarisken, Tannen). Besonders das gleichmäßige Grün vieler Nadelgehölze – und hier vor allem das tiefgrüne Nadelwerk der Eiben – ist gerade prädestiniert als Hintergrund für Wildrosensträucher. Auch das ruhige Grün einer Rasenfläche eignet sich hervorragend als Kulisse für einen blühenden oder mit Hagebutten behangenen Wildrosenstrauch. Als Nachbarn für Wildrosen steht Ihnen ebenso eine Vielzahl von Stauden und Gräsern zur Auswahl. Aus dem reichhaltigen Spektrum an Laub- und Blütenfarben, Wuchsformen und -größen der Stauden und Gräser lassen sich mit Gewißheit harmonische Wildrosen-Nachbarschaften zusammenstellen. Bei der Auswahl der Begleitpflanzen sollten Sie generell besonderes Augenmerk auf die Laub- und Blütenfarben der Gewächse richten. Vermeiden Sie in Ihrem Rosenbeet nach Möglichkeit Farbzusammenstellungen, die das harmo-

TIP Sowohl in Deutschland als auch im Ausland gibt es eine ganze Reihe äußerst sehenswerter Rosengärten. Bei einem gemütlichen Spaziergang in einem dieser Schaugärten lassen sich in aller Ruhe persönliche Eindrücke von der Rosenvielfalt und Anregungen für die eigene Gartengestaltung sammeln. Eine besonders schöne reichhaltige Sammlung an Strauchrosen findet sich im Park Wilhelmshöhe in Kassel. Das Rosarium in Sangerhausen verfügt mit über 6000 teils sehr seltenen Sorten über die größte Rosensammlung der Welt. Wer es besucht, sollte sich unbedingt das Rosenverzeichnis kaufen, in dem alle Sorten kurz beschrieben sind. Auf Anfrage wird es auch per Post verschickt.

nische Nebeneinander von Wildrosen und Begleitpflanzen schmälern. Besonders zurückhaltend muß man dabei mit gelben und roten Laub- und Blütenfarben umgehen. Während die Farbe Gelb häufig sehr kräftig leuchtet, kann es vornehmlich zwischen verschiedenen Rottönen im Rosenbeet zu Disharmonien kommen – natürlich bleibt es aber Ihrem persönlichen Geschmack überlassen, welche Pflanzen und Farben Sie letztendlich in Ihrem Rosenbeet miteinander kombinieren.

Kletternde Wildrosen mit ihrem reichen Hagebuttenschmuck eignen sich wunderbar zur Hausbegrünung.

WILDROSEN ALS STRAUCHROSEN

TIP Vergessen Sie beim Pflanzen der Wildrosen nicht, daß Sie an der Hecke, dem Rasen, den Beeten sowie an den Rosen selbst Pflegearbeiten vornehmen müssen. Pflanzen Sie die Rosen also so, daß Sie diese Arbeiten unbehindert durchführen können!

HECKENPFLANZUNG

Wie in der freien Landschaft, so können viele Wildrosen auch im Garten mit ihrem dichten Astwerk sehr schöne, naturnahe Hecken formen. Durch starke Ausläuferbildung wachsen solche Wildrosen zu nahezu undurchdringlichen Sträuchern heran, die nicht nur den Zweck der Grundstücksabgrenzung erfüllen, sondern mit ihren Blüten und Hagebutten auch eine Augenweide für den Betrachter darstellen. Außerdem sind Wildrosenhecken geradezu ideale Vogelnistgehölze, in die sich so schnell kein Vogelfeind verirrt. Besonders reizvoll sieht eine Wildrosenhecke aus, wenn man sie ungehindert wachsen läßt und sie nicht durch Rückschnitt in der Höhe oder Breite einschränkt. Auch die Kombination von Wildrosen und anderen Ziersträuchern in einer Hecke dürfte lohnend sein. Hier nun einige Beispiele für Wildrosen, die sich besonders gut als Heckenpflanzen eignen: *Rosa rubiginosa* mit ihrem nach Äpfeln duftenden Laub, die einheimische *Rosa canina*, die nahezu stachellose *Rosa pendulina*, die sehr widerstandsfähige *Rosa rugosa* und einige ihrer Sorten (zum Beispiel 'Conrad Ferdinand Meyer' für größere Hecken), weiterhin die ebenfalls winterharten und sehr dicht wachsenden Wildrosen *Rosa acicularis* und *Rosa multiflora* sowie *Rosa glauca*, die mit ihrem rötlichen Laub zu den besonders auffälligen Wildrosen zählt. Für sehr niedrige Hecken eignet sich *Rosa nitida* hervorragend. Auch *Rosa pimpinellifolia* sowie eine ihrer Nachkommen, die Sorte 'Golden Wings' eignen sich wegen ihres kräftigen Wuchses sehr gut als Heckenrosen. Zudem ist besonders 'Golden Wings' mit ihren schwefelgelben, übergroßen und duftenden Blüten ein Blickfang, der seinesgleichen sucht. Zudem hält ihre Blüte den ganzen Sommer über an. Die vorab aufgeführten Rosenarten und -sorten neigen sehr stark zur Bildung von Ausläufern. Deshalb lassen sie sich natürlich auch sehr gut zur Begrünung und Befestigung von Böschungen verwenden.

WILDROSEN IN GEMISCHTEN STRÄUCHERGRUPPEN

Wenn Sie viel Platz in Ihrem Garten haben, schlage ich Ihnen vor, eine Strächergruppe aus Wildrosen und anderen Zier- oder Blütensträuchern anzupflanzen. Dabei ist es besonders schön, Sträucher mit unterschiedlichen Blütezeiten zu kombinieren. Damit sie recht lange an Ihrer Sträuchergruppe Freude haben, sollten Sie in jedem Fall Pflanzen auswählen, die ähnliche Ansprüche an den Standort (Licht- und Bodenverhältnisse) stellen.

Wildrosen in Gemeinschaft mit Laub- und Nadelgehölzen: Die zarten, hellen Blüten bilden einen schönen Kontrast zu den verschiedenen Grüntönen der Sträucher und Bäume im Hintergrund.

WILDROSEN IN KOMBINATION MIT STAUDEN UND GRÄSERN

Wildrosenarten und -sorten lassen sich auf verschiedenste Weise auch mit Stauden und Gräsern zu harmonischen und interessanten Pflanzgemeinschaften zusammenführen. Aufgrund ihres Wuchses sowie ihrer Laub- und Blütenfarben eignet sich eine Vielzahl an Stauden und Gräsern besonders gut als Nachbarschaft für Wildrosen. Das gleichmäßig grüne Laub vieler Gräser unterstreicht die Wirkung einer Wildrose sicherlich ebenso wie die Laub- und Blütenfarben ausgewählter Blüten- und Zierstauden. Auch in den Zeiten, in denen die

Wildrosen mit Gräsern und Stauden: Hier Chinaschilf (Miscanthus sinensis), *Pfeifengras* (Molinia), *Schleierkraut* (Gypsophila) *und Flammenblume* (Phlox).

Strächergruppe aus Wildrosen und anderen Blütengehölzen: Hier Goldglöckchen (Forsythia), *Sommerflieder* (Buddleia) *und Spierstrauch* (Spiraea).

Stauden
Weiße Blüten: Stockrose (Althaea), *Anemone* (Anemone), *Glockenblume* (Campanula), *Frühlings- und Sommermargerite* (Chrysanthemum), *Brennender Busch* (Dictamnus), *Schleierkraut* (Gypsophila), *Schleifenblume* (Iberis), *Flammenblume* (Phlox).
Blaue und lila Blüten: Eisenhut (Aconitum), *Frühlings-, Sommer- und Herbstaster* (Aster), *Blaukissen* (Aubrieta), *Glockenblume* (Campanula), *Rittersporn* (Delphinium), *Enzian* (Gentiana), *Storchschnabel* (Geranium), *Lavendel* (Lavandula), *Salbei* (Salvia).
Rosa Blüten: Stockrose (Althaea), *Frühlings-, Sommer- und Herbstaster* (Aster), *Prachtspiere* (Astilbe), *Brennender Busch* (Dictamnus), *Storchschnabel* (Geranium), *Schleierkraut* (Gypsophila), *Flammenblume* (Phlox), *Primel* (Primula).
Gelbe Blüten: Edelgarbe (Achillea), *Stockrose* (Althaea), *Steinkraut* (Alyssum), *Sonnenblume* (Helianthus), *Alant* (Inula), *Staudenlein* (Linum), *Fingerkraut* (Potentilla).
Rote Blüten: Grasnelke (Armeria), *Aster* (Aster), *Prachtspiere* (Astilbe), *Blaukissen* (Aubrieta), *Sonnenröschen* (Helianthemum), *Flammenblume* (Phlox), *Fetthenne* (Sedum).

Rosen nicht blühen, sorgen Gräser und Stauden für Frische und Abwechslung in der Beetfläche. Gerade dann können vielleicht sogar Gelb- und Rottöne zur farblichen Belebung des Beetes erwünscht sein, während sie zur Blütezeit der Rosen unter Umständen zuviel Unruhe in die Anpflanzung bringen würden. Wie lebhaft und bunt Sie Ihr Rosen- und Staudenbeet gestalten, hängt natürlich ganz von Ihrem Geschmack, Ihren persönlichen Vorstellungen und Erfahrungen ab. Lassen Sie Ihrer Phantasie freien Lauf und haben Sie Mut zu eigenen Gestaltungsideen! Beim Bepflanzen des Beetes sollten Sie aber in jedem Fall darauf achten, die Stauden und Gräser nicht zu nah an die Wildrosen heranzupflanzen (Abstand vom Strauch mindestens 20–30 cm!). Denn schließlich sollen die Rosen nicht überwuchert werden und der Boden um sie herum muß frei bleiben (Bodenpflege, Düngen etc.). Im folgenden wird eine Reihe von Gräsern und Stauden aufgelistet, die sich besonders gut als Nachbarpflanzen für Wildrosen eignen. Die Zahlen hinter den Gräsernamen geben die Buschhöhe/Blütenhöhe in cm an.

WILDROSEN IN DER NACHBARSCHAFT IHRER SITZECKE
Auch unter den Wildrosen, insbesondere aber unter den Wildrosensorten gibt es eine Reihe von Arten und Sorten, die nicht nur durch ihr Äußeres, sondern auch durch ihren intensiven Duft bestechen. Warum pflanzen Sie nicht eine oder mehrere solcher Rosen in die Nähe Ihrer Sitzecke? Gerade dort können Sie dann in aller Ruhe die ganze Schönheit Ihrer Rosen genießen: das Farbenspiel der Blüten, den Duft sowie häufig auch den farbenfrohen Fruchtbehang im Herbst. Sowohl in den Tabellen im Übersichtsteil als auch im letzten Kapitel dieses Buches finden Sie eine große Zahl duftender

Der intensive Duft mancher Wildrosenarten läßt sich in aller Ruhe genießen, wenn man sie in die Nähe einer Sitzecke im Garten pflanzt.

Wildrosen. Hier nur einige Beispiele für Wildrosenarten und -sorten mit starkem Duft: *Rosa centifolia* und *Rosa rugosa* mit ihren Sorten, *Rosa moschata, Rosa rubiginosa* und ihre Sorten (Laub!), *Rosa multiflora, Rosa setipoda, Rosa gallica* sowie einige Abkömmlinge der *Rosa pimpinellifolia*: 'Frühlingsanfang', 'Frühlingsduft', 'Frühlingszauber', 'Maigold' und 'Stanwell Perpetual'.

WILDROSEN IM HEIDE- UND STEINGARTEN

Wildrosen fügen sich in ihrer Schlichtheit geradezu ideal in fast jede ursprünglich wirkende Pflanzengemeinschaft ein. Mit ihrem in der Regel ungezwungenen Wuchs, den meist einfachen und farbenfrohen Blüten und Hagebutten beleben sie eine sonst eher zurückhaltende Kulisse wie einen Heidegarten. In Kombination mit typischen Heidepflanzen wie Heidekraut, Schneeheide und Stauden (zum Beispiel Sonnenröschen, Katzenpfötchen, Ehrenpreis, Braunelle), vor dem Grün von Kiefern, Wacholdern und Gräsern oder auch an der Seite von Ginster, Birken oder Sanddorn entwickelt sich so manche Wildrose zum besonderen Blickfang eines Heidegartens. Ob Sie dabei die Wildrosen als Einzelpflanzen oder in Gruppen anpflanzen, hängt hauptsächlich von dem zur Verfügung stehenden Platz sowie von ihrer Wuchshöhe ab. Prinzipiell lassen sich folgende Wildrosen im Heidegarten verwenden: *Rosa canina* als das bekannte »Röslein auf der Heide«, die kleinwüchsigen *Rosa ecae, Rosa nitida* und *Rosa serafinii* für räumlich begrenzte Anpflanzungen, die goldgelb blühende *Rosa hugonis*, die frühblühende *Rosa pimpinellifolia* mit ihren zahlreichen weißen Blüten, *Rosa glauca* mit dekorativem, bläulich bereiftem Laub, die nach Äpfeln duftende *Rosa rubiginosa, Rosa moyesii* und *Rosa foetida* 'Bicolor' mit ihren

Gräser
Schillergras (Koeleria glauca, *15/20*), *Bärenfellgras* (Festuca scoparia, *15/20*), *Segge* (Carex flacca, *20/30*). *Federgras* (Stipa barbata, *40/80*), *Lampenputzergras* (Pennisetum compressum, *40/80*), *Blaustrahlhafer* (Avena sempervirens, *50/150*), *Waldschmiele* (Deschampsia caespitosa, *30/80*), *Pampasgras* (Cortaderia selloana, *100/200*), *Zierhirse* (Panicum virgatum, *100–160*), *Chinaschilf* (Miscanthus sinensis *'Gracillimus', 150*), *Pfeifengras* (Molinia altissima *'Karl Foerster', 40/150*).

Wildrosen können für eine optische Auflockerung im Steingarten sorgen und zusammen mit typischen Steingartengewächsen hübsche Pflanzengemeinschaften bilden.

auffälligen Blüten in Rot-Tönen sowie *Rosa roxburghii* und *Rosa willmottiae*.

Auch in Steingärten können Wildrosen für optische Auflockerung sorgen. Kombinieren Sie Ihre Wildrosen mit Stauden, Gräsern oder anderen typischen Steingarten-Gewächsen, die sowohl farblich als auch von der Größe her zu den Rosen passen. Auf diese Weise können Sie auch in einem noch so kleinen Steingarten schöne und abwechslungsreiche Pflanzengemeinschaften bilden. Für die Anpflanzung in Steingärten eignen sich besonders gut eher zierliche Wildrosen. Zu diesen zählen u. a. *Rosa nitida, Rosa melina, Rosa* x *richardii, Rosa stellata* var. *mirifica, Rosa foliolosa, Rosa pimpinellifolia* 'William III' sowie die den ganzen Sommer über blühende *Rosa multiflora* 'Nana'. Größere Wildrosen, die – je nach der Größe des Steingartens – vielleicht eher im Hintergrund der Beetfläche stehen sollten, sind zum Beispiel *Rosa hugonis* und *Rosa* x *harisonii*. Bei einem Blick in die Übersichtstabellen oder das letzte Kapitel dieses Buches werden Sie sicherlich noch weitere Rosen finden, die von ihren Eigenschaften her gut in Ihren Steingarten passen könnten. Ein Beispiel für eine Kombination von Stauden, anderen Steingartengewächsen und Wildrosen zeigt die Zeichnung oben.

WILDROSEN ALS SOLITÄRE

Ihr Garten hat eine weitläufige grüne Fläche (einen Rasen, eine Hecke oder auch eine Gehölzgruppe), die durch einen besonders schönen Einzelstrauch (Solitär) optisch belebt werden soll. Mit Wildrosensolitären lassen sich solche Flächen reizvoll gliedern und lebhafter gestalten. Sofern genügend Platz vorhanden ist, können Sie natürlich auch mehrere solcher Solitäre zu einer Gruppe vereinen und dadurch für noch mehr Abwechslung sorgen. Damit die Wildrosen auch wirklich zu einem Blickfang werden, rate ich Ihnen, Rosen auszuwählen, die durch ihre Blüten- und/oder Laubfarbe oder auch durch ihren Fruchtbehang einen farblichen Kontrast zum grünen Hintergrund schaffen. Gerade der Fruchtbehang ist bei vielen Wildrosensträuchern ein willkommener Schmuck, der nach den Blüten für farbige Akzente im Garten sorgt. Wildrosen, die sich durch einen besonders reichen, dekorativen oder auch langanhaltenden Fruchtbehang auszeichnen sind zum Beispiel *Rosa sweginzowii* 'Macrocarpa', *Rosa setipoda, Rosa omeiensis* f. *pteracantha, Rosa virginiana, Rosa rubiginosa, Rosa canina* 'Kiese' sowie *Rosa* x *dupontii*. Von der Reichhaltigkeit, der Schönheit und dem Duft der Blüten her empfehlen sich folgende Wildrosenarten und -sorten als Solitärpflanzen: *Rosa moyesii* 'Geranium', 'Highdownensis', 'Marguerite Hilling' und 'Nevada', *Rosa pimpinellifolia* 'Frühlingszauber' (starker Duft), 'Golden Wings' (Duft, öfterblühend), 'Maigold' (starker Duft) und 'Stanwell Perpetual' (würziger Duft, öfterblühend), *Rosa hugonis* (frühe, reiche Blüte), *Rosa foetida* 'Bicolor', *Rosa rugosa* 'Conrad Ferdinand Meyer' (starker Duft), *Rosa canina* 'Kiese', *Rosa* x *dupontii* (Duft). Auch durch ihre Laubfärbung können Wildrosen auf sich aufmerksam machen und Abwechslung in den Garten bringen. Eine Rose mit ganzjährig interessanter, bläulich-rot bereifter Laubfärbung ist *Rosa glauca* (Rotblättrige Rose). Neben ihr gibt es eine Reihe weiterer Wildrosen, die eine besonders auffällige und schöne Herbstfärbung ihrer Laubblätter zeigen. Dazu gehören u.a. *Rosa blanda* (rötlich), *Rosa* x *mariaegraebnerae* (rot und gelb), *Rosa virginiana* (feurig orangerot und tiefgelb) sowie die kleinwüchsigen Wildrosen *Rosa nitida* (braunrot) und *Rosa* x *rugotida* (rostrot).

Bei Rosa chinensis 'Mutabilis' geht die Blütenfarbe von anfänglich fleischfarben in kupfrig-rosa und dann karminrot über.

WILDROSEN FÜR SCHATTENSTANDORTE

Die modernen Rosenzüchtungen sind zumeist Sonnenkinder und benötigen deshalb viel Licht, um gut zu gedeihen. Unter den Wildrosen hingegen finden wir einige Arten und Sorten, die sich mit Halbschatten oder sogar mit vollkommenem Schatten begnügen. Durch die Kombination solcher Wildrosen mit anderen schattenverträglichen Gewächsen können Sie sogar einem schattigen Plätzchen in Ihrem Garten Leben und Farbe verleihen. Die im folgenden aufgeführten Rosen gelten als mäßig (m) bis gut (g) schattenverträglich: *Rosa* x *alba* (m), *Rosa arvensis* (m–g), *Rosa glauca* (m), *Rosa gymnocarpa* (g), *Rosa multiflora* (m–g), *Rosa pendulina* (g). Als Nachbarpflanzen zu diesen Wildrosen eignen sich zum Beispiel die folgenden Laub- und Nadelgehölze, die ebenfalls an schattigen Standorten gedeihen: *Amelanchier canadensis* (Kanadische Felsenbirne), verschiedene *Berberis*-Arten (Berberitzen), *Buxus sempervirens* 'Arborescens' (Buchsbaum), *Clematis* und *Hedera* in Arten und Formen (Waldrebe und Efeu) sowie verschiedene *Juniperus* (Wacholder).

WILDROSEN ALS KLETTERROSEN

Einige Wildrosenarten zählen aufgrund ihres Wuchses zu den Kletterrosen. Zwei Arten, die vor allem bei der Züchtung moderner Kletterrosen Bedeutung erlangt haben, sind *Rosa wichuraiana* und *Rosa multiflora*. Weitere Wildrosenarten und -sorten mit kletterndem Wuchs sind: *Rosa anemoneflora, Rosa arvensis, Rosa brunonii, Rosa filipes* und *Rosa filipes* 'Kiftsgate', *Rosa helenae, Rosa pimpinellifolia* 'Maigold', *Rosa wichuraiana grandiflora* sowie die Wildrosenhybriden *Rosa* x *paulii, Rosa* x *paulii rosea* und *Rosa* x *ruga*.

Diese Kletterrosen sind für besondere Verwendungszwecke bei der Gartengestaltung prädestiniert. Sie eignen sich hervorragend zur Begrünung von Hauswänden, Lauben, Rankspalieren, Zäunen, Mauern, Rosenbögen usw.

Auch größere Bäume und Sträucher, die zur Zeit der Rosenblüte nur ihr Laub- oder Nadelwerk tragen, bieten eine schöne Kulisse für den Blütenreigen kletternder Wildrosen. Pflanzen Sie die Rosen so nah an die Bäume oder Sträucher heran, daß die langen Rosentriebe in deren Ästen Halt finden. Auch ein alter, vergessener Baumstumpf oder ein abgestorbener Baum kann durch eine Kletterrose, die an ihm emporrankt, zum Schmuckstück des Gartens werden. Selbst in kahlen Hinterhöfen können Sie durch eine schöne Kletterrose für ein bißchen Abwechslung im Leben sorgen. Die weißblühende *Rosa arvensis* und *Rosa multiflora* bescheren Ihnen auch an schattigen Standorten eines solchen Hinterhofes eine natürliche Auflockerung.

Bei der Entscheidung, welche Kletterrose Sie an welchen Ort pflanzen, sollten Sie darauf achten, daß die Farbe des Hintergrundes und die Blütenfarbe der Rosen zumindest einen leichten Kontrast bilden. Auch die Art des Klettergerüstes spielt eine wichtige Rolle bei der Anpflanzung von Kletterrosen. In der Regel sind Gerüste mit dünnen, zierlichen Latten und Stangen eher für Kletterrosen geeignet. Sie unterstreichen den lockeren Wuchs kletternder Wildrosen besser als etwa dicke Holzbalken.

Wie die Strauchrosen so lassen sich auch Kletterrosen sehr schön untereinander sowie mit einer Reihe anderer Gewächse kombinieren. Besonders gut zu kletternden Wildrosen passen die ebenfalls kletternden Waldrebenarten und -sorten *(Clematis)*. Von ihnen gibt es eine große Vielfalt, deren Blühzeiten neben Farbe und Form von Laub und Blüten ein reichhaltiges Spektrum bilden, so daß Sie mit Sicherheit eine *Clematis*art oder -sorte finden werden, die zu Ihrer Wildrose paßt. Außer den zahlreichen *Clematis* bieten sich viele wei-

TIP Es müssen auch nicht immer feststehende Gerüste oder Wände sein: Spannen Sie ein paar Drähte oder Seile über Ihren Hof, von der Laube aus in einen danebenstehenden Baum oder vom Pflanzkübel auf Ihrem Balkon zum darüberliegenden Balkongitter. Helfen Sie den Rosen, sich mit Laub und Blüten auszubreiten und Brücken zu schlagen.

tere Kletterpflanzen an, die sich reizvoll mit kletternden Wildrosen in Ihrem Garten kombinieren lassen. Dabei handelt es sich um Pflanzen wie Efeu *(Hedera)*, Pfeifenwinde *(Aristolochia)* und Wilder Wein *(Parthenocissus)*, die hauptsächlich durch ihr Laub dekorativ wirken sowie um weitere Blütenpflanzen wie Heckenkirsche *(Lonicera)*, Glyzine *(Wisteria)*, Trompetenblume *(Campsis)*, Winterjasmin *(Jasminum nudiflorum)*, Kletter-Zierbrombeere *(Rubus henryi)* usw. In dieser Aufzählung dürfen natürlich auch Kletterrosen aus anderen Rosengruppen (Alte und moderne Rosen) nicht fehlen, die sich zum Teil sehr gut mit kletternden Wildrosen zusammenpflanzen lassen. Wenn Sie Wildrosen und den anderen hier aufgeführten Pflanzen eine Chance geben, verwandeln sie Ihre Pergola, Ihre Hauswand, eine Mauer oder auch einen Gartenzaun in ein einzigartiges Laub- und Blütenmeer!

'Venusta Pendula' (im Vordergrund) ist eine alte Rosa arvensis-Hybride. Sie blüht reich in dichten Büscheln von halbgefüllten, weißrosa Blüten.

Die schönsten Wildrosen

In diesem Kapitel werden die schönsten und interessantesten Wildrosenarten und -sorten beschrieben. Abgebildet ist in der Regel jeweils die Art. Sie erfahren etwas über ihre Herkunft und Geschichte sowie charakteristischen Eigenheiten. Es werden die wichtigsten Merkmale wie u. a. Wuchs, Blühzeiten und -eigenschaften, Fruchtschmuck erläutert sowie Anregungen zur Verwendung und Gestaltung im Garten gegeben.

Bei Rosa rubiginosa bildet das dunkelgrüne Laub, das angenehm nach Äpfeln duftet, einen schönen Kontrast zu den kleinen, rosaroten Blüten.

ROSA ACICULARIS

NADELROSE

Diese formenreiche Wildrose, die den deutschen Namen Nadelrose trägt, kommt in Eurasien sowie Nordamerika vor und ist die einzige Rose, die zirkumpolar den Polarkreis überschreitet. Auch in Kanada ist sie häufig anzutreffen – nicht zuletzt deshalb ist sie wohl auf kanadischen Briefmarken abgebildet worden. *Rosa acicularis* zählt zu den völlig winterharten Wildrosen und kann Temperaturen bis zu −54°C aushalten. Besonders in nördlicheren Breiten wird sie kaum mehr als 1 m hoch, während sie in unseren Gefilden zuweilen bis zu 2 m Höhe und Breite heranwächst. Ihre Sträucher besitzen leicht nach außen gebogene, stachelige Triebe, die normalerweise bis zum Boden hin dicht mit oberseits stumpfgrünen Blättern belaubt sind. Auch diese Art neigt zur Bildung von Ausläufern und bildet mit der Zeit undurchdringliche Büsche. Im Mai/Juni bringt die Nadelrose ihre leicht duftenden, rosafarbenen Blüten hervor (Ø 3–5 cm), die den Strauch auf reizvolle Weise beleben. Auch die meist birnenförmigen Hagebutten tragen durch ihr leuchtendes Rot zur farblichen Auflokkerung dieser Wildrose bei (im Bild die Sorte 'Dornröschen').

ROSA X ALBA UND SORTEN

WEISSE ROSE

Die Weiße Rose ist eine Wildrosen-Hybride mit ungeklärter Abstammung, die vermutlich schon zu Zeiten der alten Römer existierte und von ihnen in Europa verbreitet wurde. Seither entstanden zahlreiche Alba-Sorten, von denen auch heute noch einige in Baumschulen erhältlich sind. Es sind einmal- und frühblühende Rosen, deren Blütezeit zwischen Mai und Juli liegt. In der Regel besitzen Alba-Rosen eine große Widerstandskraft gegen Krankheiten und Frost. Die Sorte 'Semiplena' verfügt über wildrosen-ähnliche Blüten, die nur schwach gefüllt sind. Von dem gräulich-grünen, dichten Laubteppich der Sträucher heben sich die zahllosen milchweißen, duftenden Blüten mit ihren goldgelben Staubgefäßen besonders deutlich ab. 'Semiplena' (Bild) ist eine widerstandsfähige Rose, die dichte, etwa 2 m hohe Sträucher formt und im Herbst zahlreiche rote Hagebutten trägt. 'Königin von Dänemark' ist eine attraktive, dunkel- bis porzellanrosafarben blühende Vertreterin der Alba-Rosen. Ihre hübschen, dicht gefüllten, geviertelten Blüten (Ø 5 cm), die im Juni/Juli blühen, verbreiten einen angenehmen, süßlichen Duft. Die kräftigen, offen wachsenden, niedrigen Sträucher tragen bläulich-grünes Laub und erreichen eine Wuchshöhe von 1,5 m; leider werden an ihnen keine Hagebutten ausgebildet.

ROSA ARVENSIS

FELDROSE

Die in West- und Südosteuropa heimische Feldrose ist die einzige in unseren Breiten frostharte europäische Kletterrose. Vor der Einführung der asiatischen Kletterrosen nach Europa (*Rosa multiflora* und *Rosa wichuraiana*) fanden diese Wildrose und die aus ihr hervorgegangenen Rosenzüchtungen als Kletter- und Trauerrosen viel Verwendung. Aufgrund ihres zuweilen auch kriechenden Wuchses läßt sich die Art aber ebensogut als bodendeckende Pflanze zur Begrünung von Böschungen oder als Unterpflanzung für andere Gewächse einsetzen. Ihre dünnen Triebe können einige Meter lang werden und finden mit ihren zahlreichen hakenförmigen Stacheln schnell Halt an jeglichen sich ihnen bietenden Kletterhilfen (zum Beispiel andere Gewächse, Rosenbögen, Lauben). Die weißen, langstieligen Blüten (∅ 2–3 cm) sitzen meist in schirmartigen Dolden zusammen und heben sich dadurch sehr gut von dem oberseits stumpfgrünen Laub ab – leider sind sie duftlos. Die Blütezeit dieser übrigens auch schattenverträglichen Wildrose ist Juni/Juli. Mit ihren eiförmigen, hellroten Hagebutten sorgt sie im Verlauf des Jahres für eine weitere dekorative, farbliche Abwechslung.

Besonders im 19. Jahrhundert wurden viele Sorten der *Rosa arvensis* gezüchtet (zum Beispiel Ayrshire-Rosen). Vielfach wurden sie als Trauerrosen verwendet, sie gerieten aber zum großen Teil später wieder in Vergessenheit. Zu ihnen gehören die folgenden Sorten, die heute noch im Handel erhältlich sind. 'Ayrshire Queen', eine 1835 entstandene Sorte mit purpurfarbenen, halbgefüllten Blüten; sie wächst kräftig und bildet kriechende Triebe von 3 m Länge und mehr. 'Splendens' (Bild) ist eine englische Gartenform und heißt in England mit zweitem Namen »myrrhscented rose«, die Rose mit dem Myrrhen-Duft; sie trägt angenehm duftende (Myrrhe!), kleine, locker gefüllte Blüten in zart rosaweißem Farbton; ihre langen, dünnen und rankenden Triebe wachsen bis zu einer Länge von 4–5 m heran. 'Venusta Pendula' ist auch eine einmalblühende Sorte, die aber überaus reich blüht; ihre kleinen, rosig-weißen und locker gefüllten Blüten stehen dichtgedrängt mit vielen grünlich-roten Blütenknospen in den Blütenständen zusammen. 'Venusta Pendula' ist eine sehr stark wachsende Sorte, deren Triebe bis zu 6 m lang werden können.

ROSA CANINA

HUNDSROSE

Die Hundsrose ist eine der formenreichsten und am weitesten verbreiteten Wildrosen Europas, die in Skandinavien bis zum 62. Breitengrad vorkommt. Das wohl älteste Exemplar dieser Rosenart und vermutlich die älteste Rose der Welt, die »Tausendjährige Rose«, steht am Dom zu Hildesheim. Man geht davon aus, daß sie über 1000 Jahre alt ist. *Rosa canina* wächst in der Regel zu sehr dichten Sträuchern von bis zu 3 m Höhe heran, deren Zweige anfangs aufrecht wachsen und sich erst später an den Spitzen herabneigen. Durch ihre Fähigkeit, viele Ausläufer zu bilden, und mit Hilfe ihrer vielen hakenförmigen Stacheln formt diese Wildrose mit der Zeit nahezu undurchdringliche Sträucher. Diese sind in idealer Weise zur Befestigung von Böschungen sowie zur Heckenanpflanzung geeignet. Mit ihren zahlreichen, weißen bis rosafarbenen Blüten ist die Hundsrose in jedem Jahr aufs neue eine Augenweide, in der Regel blüht sie im Juni. Ihre einfachen und leicht duftenden Blüten (∅ 4–5 cm) sitzen in der Regel einzeln oder zu mehreren am Ende kürzerer Seitentriebe und werden im Herbst durch einen reichen Schmuck scharlachroter Hagebutten abgelöst.

ROSA CAROLINA

WIESENROSE

Die Heimat der gärtnerisch sehr wertvollen Wiesenrose ist das östliche Nordamerika, wo sie in freier Natur vielfach in Gesellschaft des Virginia-Wacholders *(Juniperus virginiana)* wächst. Obwohl ihre Herkunft sowie ihr Name es anders vermuten lassen, wurde diese Wildrose zur Wappenblume des US-Bundesstaates Iowa gewählt. Nicht nur in der Heraldik, sondern vor allem in freier Natur sollte man dieser Rose Beachtung schenken. Mit ihren schlanken, verästelten Trieben wächst sie zu aufrechten Sträuchern von 1–2 m Höhe heran. Dabei ist sie durch ihre äußerst starke Ausläuferbildung zur Befestigung von Böschungen sowie als Hekkenpflanze vorzüglich geeignet. Ihre rosafarbenen Blüten (∅ 5–7 cm) stehen meist einzeln, schließen sich aber gelegentlich zu kleinen Blütentrauben zusammen. Vor dem Hintergrund des an seiner Oberseite sattgrünen Laubes setzen sie während der späten Blütezeit (Juli/August) reizvolle farbliche Akzente. Die kleinen (∅ 8 mm), roten und flach kugeligen Hagebutten fallen schon bei ihrer Reife von den Sträuchern ab. *Rosa carolina* gedeiht auch auf nährstoffärmeren Böden.

ROSA CENTIFOLIA UND SORTEN

ZENTIFOLIE, HUNDERTBLÄTTRIGE ROSE

Die Hundertblättrige Rose ist eine Wildrosen-Hybride, an deren Entstehung mehrere Wildrosenarten beteiligt waren. Vermutlich ist sie im 16. Jahrhundert in Holland in Gartenkultur entstanden und wurde dann von holländischen Züchtern bis ins 18. Jahrhundert hinein züchterisch bearbeitet. So wurden viele Zentifolien-Sorten geschaffen, die einmal im Jahr zwischen Juni und August dichtgefüllte, wohlriechende Blüten hervorbringen. Die leicht überhängenden Sträucher erreichen Wuchshöhen von bis zu 2 m und tragen nur selten Hagebutten. Die Sorte 'Parvifolia' ist eine kleinwüchsige Zentifolie, die mit ihren nahezu stachellosen Trieben nur etwa 50 cm hohe Sträucher bildet und einen sonnigen Standort bevorzugt. Ihre zahlreichen kleinen, purpurrot-violetten Blüten sind ranunkelartig gefüllt und sitzen zu vielen beisammen. Die Sorte 'Tour de Malakoff' wird bis zu 2 m hoch. Ihre purpurroten bis karminfarbenen Blüten (∅ 10 cm) überziehen einmal im Jahr in großer Zahl die Sträucher und verbreiten einen leichten Duft (im Bild die Sorte 'Cristata').

ROSA CHINENSIS UND SORTEN

BENGAL-ROSE

Die Bengal-Rose kommt auch heute noch im Innern ihres Heimatlandes China auf Bergen und Hügeln wildwachsend vor. Ihre verschiedenen Formen gelangten ab dem Ende des 18. Jahrhunderts nach Europa und wurden seitdem vielfach zur Züchtung neuer Gartenrosen herangezogen. Ihre Beliebtheit bei den Rosenzüchtern liegt in der Eigenart begründet, mehrmals im Jahr zu blühen.

Die Sorte 'Hermosa' zählt mit ihren nur etwa 90 cm hohen Sträuchern zu den kleinwüchsigen, öfterblühenden Rosen. Ihre kleinen, halbgefüllten, kugeligen und duftenden Blüten bilden durch ihre zart lilarosa Farbe einen schönen Kontrast zu dem bläulich-grünen Laub. Die Sorte 'Mutabilis' hat nicht zu Unrecht ihren Namen ('mutabilis' = veränderlich) erhalten, denn die Farbe der einfachen, schalenförmigen Blüten (∅ 6 cm) geht von dem anfänglich fleischfarbenen Ton schnell in ein kupfriges Rosa und dann in einen karminroten Farbton über. Die schlanken und 1–2 m hohen Sträucher werden den ganzen Sommer über von Blüten geschmückt (im Bild die Sorte 'Rouletti').

ROSA X DAMASCENA UND SORTEN

DAMASZENERROSE

Die Damaszenerrose soll im Mittelalter von Kleinasien nach Europa gebracht worden sein, wo sie und ihre zahlreichen Sorten sich wachsender Beliebtheit erfreuten. Die Blüten sind weiß, rosa oder rötlich gefärbt, dicht gefüllt und duften gut. Die Sträucher sind stark bewehrt und werden bis zu 2 m hoch. Man unterscheidet zwischen »sommerblühenden« (einmalblühenden) und »herbstblühenden« (zweimal- bis öfterblühenden) Damaszenerrosen, von denen im folgenden je eine Sorte vorgestellt wird. 'Leda' ist eine einmalblühende, mitunter sogar remontierende Sorte und trägt mittelgroße, gefüllte, gut duftende Blüten. Die Blütenblätter sind bei voller Blütenöffnung milchweiß gefärbt und weisen karminrote Ränder auf. 'Leda' wächst zu buschigen Sträuchern von 0,9–1 m Höhe heran und trägt tiefgrünes Laub. Die ebenfalls kompakt und schwach wachsende Sorte 'Rose de Resht' (Höhe 1–1,2 m, Bild) bringt von Juni bis September pomponartige, duftende Blüten von fuchsien- bis purpurroter Farbe hervor. Sie sitzen auf sehr kurzen Blütenstielen in dem dichten, derben Laubteppich.

ROSA ECAE

Der Name dieser aus Afghanistan und Turkestan stammenden Wildrose geht auf die Ehefrau ihres Entdeckers Dr. Aitchison zurück, der aus den Initialen seiner Frau, »E. C. A.«, den Namen »ecae« schuf. In Deutschland wird *Rosa ecae* seit 1880 kultiviert. Sie zählt zu den kleinwüchsigen Wildrosen, da ihre dicht verzweigten, schmalen Sträucher selten Wuchshöhen von über 1 m erlangen. Die zum Teil gewundenen Triebe sind dicht mit rotbraunen, flossenförmigen Stacheln besetzt. Das Holz der jungen Triebe ist ebenfalls bräunlichrot, mit dem Alter verfärbt sich die Rinde aber zusehends grau und wird schuppig. Die Blütezeit der wärmebedürftigen Art liegt – je nach Standort – zwischen April und Juni. Dann bereichert sie ihre Umgebung mit zahlreichen kleinen und kräftig goldgelb leuchtenden Blüten (∅ 2–3 cm), bevor bereits im Spätsommer die nur erbsengroßen, glänzenden Hagebutten an den Sträuchern reifen. Ein weiteres Kennzeichen dieser Wildrose ist ihr feines, aus 5–9 graugrünen Fiederblättchen zusammengesetztes Laub, das bei feuchter Witterung nach Weihrauch duftet. *Rosa ecae* läßt sich aufgrund ihres zierlichen Wuchses auch gut in Stein- und Heidegärten sowie mit Stauden und Gräsern zusammen pflanzen (im Bild die Sorte 'Helen Knight').

ROSA FOETIDA 'BICOLOR'

KAPUZINERROSE

Diese Wildrosensorte wird hierzulande als »Kapuzinerrose« bezeichnet und ist in England unter dem Namen 'Austrian Copper' bekannt. Sie entstand vor 1950 als Mutation aus *Rosa foetida* (Fuchsrose). Dies erkennt man auch heute noch daran, daß an den Sträuchern der Sorte 'Bicolor' einfarbig gelbe Blüten auftreten, die sehr den Blüten der Ausgangsform ähneln. Die Kapuzinerrose trägt normalerweise zweifarbige Blüten, die auf der Oberseite orange- bis scharlachrot leuchten, während ihre Unterseite goldgelb gefärbt ist. In der Mitte dieser einfachen und recht kleinen Blüten (∅ 3–6 cm) sitzen viele strahlend gelbe Staubfäden, die die Leuchtkraft der Blüte verstärken. *Rosa foetida* 'Bicolor' ist eine einmal- und sehr reichblühende Sorte, deren Blütenflor recht früh im Juni einsetzt. Ihre braunen Triebe sind mit spitzen, hellen Stacheln besetzt, wachsen mäßig stark und formen offene Sträucher, die 1–2 m hoch werden. Bei der Pflanze können Sie auf weitreichende Schnittmaßnahmen verzichten, während das für Sternrußtau anfällige Laub sorgfältiger Pflege bedarf.

ROSA GALLICA

ESSIGROSE

Die Essig- oder Provins-Rose gehört zu den wichtigsten Vorfahren unserer Gartenrosen. Die Heimat dieser Wildrose liegt in Süd- und Mitteleuropa sowie Kleinasien. Ihren Zweitnamen »Provins-Rose« hat die Art erhalten, weil sie im 18. Jahrhundert in dem südöstlich von Paris gelegenen Ort Provins besonders häufig kultiviert wurde. *Rosa gallica* ist eine der anspruchslosesten und widerstandsfähigsten sowie gleichzeitig eine der reichblühendsten Wildrosen. Ihre relativ großen Blüten (∅ 5–6 cm) leuchten in rosa bis dunkelroten Farbschattierungen, duften gut und sitzen in der Regel einzeln an den Sträuchern. Der Hauptblühmonat dieser wertvollen Wildrose ist Juni. Im Herbst schmücken ziegelrote, kugelige Früchte die nur 1–1,5 m hohen Sträucher mit ihrem derben, dunkelgrünen Laub. Eine weitere Eigenart der Essigrose ist die Bildung unterirdischer Ausläufer, die zum Teil sehr weit kriechen können. Mit ihren zahlreichen, stark stacheligen und borstigen Trieben vermag die Essigrose dichte Büsche und Hecken zu bilden – am besten gedeiht sie dabei an nährstoffreichen, warmen und sonnigen Standorten.

ROSA GLAUCA

HECHTROSE

Die seit etwa 1830 in Kultur befindliche Hechtrose ist eine vorwiegend in europäischen Gebirgen heimische Wildrosenart, die zum Beispiel in den Alpen, den Vogesen und im Jura ihre natürlichen Verbreitungsräume hat. Die Rose trägt als Zweitnamen die Bezeichnung »Rotblättrige Rose«. Sowohl die Triebe als auch die Laubblätter sind bräunlich-rot bis grau-blau bereift. Neben dekorativem Laub- und Astwerk verfügt die Hechtrose auch über zahlreiche, schöne kleine Blüten (∅ 3 cm) mit auffallend schmalen Blütenblättern in einem karminrosa Farbton. Die Blütezeit dieser Rose liegt im Juni/Juli, während im August/September die ersten der vielen dicken und rotgefärbten Hagebutten in Büscheln an den Sträuchern erscheinen. Vom Wuchs her gehört *Rosa glauca* zu den kräftig und aufrecht wachsenden Wildrosenarten, die mit ihren schlanken und nur gering bestachelten Trieben gleichmäßig geformte Sträucher von bis zu 3 m Höhe bildet. Aufgrund ihres hohen Schmuckwertes läßt sich die »Rotblättrige Rose« besonders gut als Einzelstrauch verwenden, so zum Beispiel im Stein- oder Heidegarten oder auf weiträumigen Rasenflächen.

Rosa x harisonii

Im Jahre 1830 ist diese Wildrosenhybride vermutlich durch eine zufällige Kreuzung zwischen *Rosa pimpinellifolia* und *Rosa foetida* bei dem Rosenzüchter George Harison in New York entstanden – daher auch ihr Name. Während das kräftige Gelb ihrer Blüten auf *Rosa foetida* zurückgehen dürfte, wurde der aufrechte Wuchs, das dunkle, zierliche Laub, die fast schwarzen Hagebutten sowie ihre große Robustheit wohl eher von *Rosa pimpinellifolia* vererbt. Wie jene so blüht auch diese Art schon relativ früh, und zwar im Mai/Juni. Zu dieser Zeit sind dann die buschigen Sträucher von unzähligen, halbgefüllten und strahlend gelben Blüten (∅ 5 cm) übersät. Diese sitzen – einen leichten Duft verbreitend – einzeln an den kurzen Seitentrieben der dichten Sträucher, die bis zu 1,5 m hoch und breit werden. Aufgrund ihrer großen Beliebtheit im Westen des amerikanischen Kontinents wird *Rosa* x *harisonii* vielerorts als die berühmte »Yellow Rose of Texas« (Gelbe Rose von Texas) besungen. In Europa verwendete man sie für die Züchtung gelber Strauchrosen. Auch in unsere Gärten sollte diese schöne Rose wieder mehr einbezogen werden, denn sie läßt sich sehr gut zum Beispiel als Einzelstrauch, in Steingärten oder in Anpflanzungen mit Stauden verwenden.

Rosa helenae

Der englische Pflanzensammler Ernest H. Wilson entdeckte diese Wildrose in ihrer Heimat Mittelchina und brachte sie im Jahre 1907 von dort mit nach Europa. Mit ihr, die übrigens nach Wilsons Frau benannt wurde, gelangte eine robuste, starkwüchsige Kletterrose in unsere Breiten. Sie bildet 5–6 m lange Triebe, die an Bäumen oder anderen Stützen mit Leichtigkeit Halt finden. Beim Klettern kommen dieser Wildrose ihre hakenförmigen Stacheln zu Hilfe, die in großer Anzahl an den Trieben sitzen und die Rose fest an ihrer Unterlage verankern. Im Juni/Juli werden die langen, anfangs rötlichen Triebe von einem Meer kleiner, einfacher, weißer Blüten (∅ 2–3 cm) überzogen. Diese drängen sich in flachen Doldenrispen, die in der Regel eine Länge von 6–15 cm erreichen, dicht zusammen. Aus den angenehm duftenden Blüten gehen später kleine, bis zu 12 mm lange, eiförmige Hagebutten hervor. Mit ihrer leuchtend roten Farbe bilden sie – ähnlich wie zuvor die Blüten – einen schönen Kontrast zum Laub. Dieses setzt sich aus 7–9 lanzettlichen Blättchen zusammen, die oberseits dunkelgrün und auf der Unterseite graugrün gefärbt und behaart sind.

ROSA HUGONIS

CHINESISCHE GOLDROSE

Diese in Mittelchina heimische Wildrose wurde nach Father Hugo benannt, einem Geistlichen, der 1899 Samen dieser Rose nach England schickte. Den Namen »Chinesische Goldrose« trägt sie keineswegs zu Unrecht. Als eine der ersten Wildrosen werden ihre Sträucher schon sehr früh im Jahr (ab April/Mai) von den überaus zahlreichen, einfachen, leuchtend schwefelgelben Blüten (∅ 5 cm) überzogen. Diese sitzen einzeln und wie auf Perlschnüre gezogen an den kurzen Seitentrieben der Sträucher. Ähnlich schön und auffällig wie die Blüten sind die braun- bis schwarzroten Hagebutten. Diese flachkugeligen Früchte reifen bereits im Juli/August, fallen dann allerdings auch schon bald von den Sträuchern ab. *Rosa hugonis* ist eine vollkommen frostharte und starkwüchsige Wildrosenart. Mit ihren tiefbraunen, dicht bestachelten und teilweise überhängenden Stämmen formt sie 2–2,5 m hohe und ebenso breite Sträucher. Für eine Anpflanzung als Solitärstrauch, aber auch als Pflanze im Hintergrund eines Stein- oder Heidegartens ist sie geradezu prädestiniert. Man sollte darauf achten, daß sie einen sonnigen, nicht allzu feuchten Standort erhält.

ROSA MAJALIS

ZIMTROSE, MAIROSE

Bei dieser Rose handelt es sich um eine europäisch-asiatische Wildrosenart, deren Heimat in Nord- und Mitteleuropa liegt und sich im Osten bis nach Sibirien erstreckt. Sie befindet sich seit über 400 Jahren in Kultur und ist eine einfach blühende Rose. Ihre karminroten Blüten (∅ 4–5 cm) breiten sich im Mai/Juni über die wenig verzweigten Sträucher aus und werden bald danach von glatten, dunkelroten Hagebutten (∅ 1 cm) verdrängt. Die schlanken und braunrot gefärbten Triebe der Mairose formen zusammen mit vielen unterirdischen Ausläufern aufrecht wachsende Sträucher von bis zu 1,5 m Höhe. Dabei sind ihre Zweige und Blütenstengel in der Regel nicht von Stacheln besetzt. *Rosa majalis* ist eine Wildrose, die für feuchte Standorte geeignet ist und sich wegen ihres zierlichen Charakters, der auch von dem feingliedrigen Laub unterstrichen wird, gut in kleineren Gärten pflanzen läßt. Eine sehr schöne Sorte der Mairose ist die gefüllt blühende *Rosa majalis* 'Foecundissima'. Ihre rosafarbenen Blüten sollen im Mittelalter von Burgfräulein und Rittern wegen ihres Duftes und ihrer zierlichen Form gern als Broschen verwendet worden sein.

ROSA MOSCHATA

MOSCHUSROSE

Die Moschusrose stammt vermutlich aus dem Himalaya, sie hat aber auch in Westasien und im Mittelmeerraum starke Verbreitung gefunden. Von Südeuropa und Nordafrika aus gelangte sie zu Beginn des 16. Jahrhunderts nach Nordeuropa, wo sie vielfach zur Züchtung moderner Strauchrosen herangezogen wurde. Auch im Stammbaum einer anderen Wildrose, der *Rosa centifolia*, ist die Moschusrose vertreten. Ihren Namen hat sie wohl aufgrund des süßen Duftes ihrer Blüten erhalten, der stark an Moschus erinnert. Neben dem auffälligen Duft hat diese Wildrose ein weiteres Charakteristikum: ihre späte und langanhaltende Blüte. Erst im August erscheinen ihre weißen Blüten (∅ 5 cm) in kleinen Büscheln an den Sträuchern, wo sie bis zum ersten Frost ihre Betrachter erfreuen. Allerdings ist die Moschusrose durch ihre späte Blüte in unseren Breiten anfälliger für Frostschäden als Wildrosen, die früher im Jahr blühen. Sie zählt zu den kräftig wachsenden Wildrosen, die mit ihren rötlichen Trieben Wuchshöhen von 3–4 m erreichen. Als Strauchrose eignet sich diese Art zur Begrünung größerer Freiräume.

ROSA MOYESII

MANDARIN-ROSE

Die Mandarin-Rose wurde von E.H. Wilson um die Jahrhundertwende aus ihrem Heimatland China nach Europa eingeführt und von ihm nach dem Missionar J. Moyes benannt, der ihn während seiner Aufenthalte in China stets hilfreich unterstützt hatte. Die Rose gehört zu den wenigen rotblühenden Wildrosenarten. Durch ihre leuchtend weinroten und 5–6 cm großen Blüten lenkt sie die Blicke ihrer Betrachter auf sich. In der Regel sitzen die kurzstieligen Blüten zu zweit im Juni/Juli an den mit zierlichem Laub ausgestatteten Trieben. Doch nicht nur die Blüten dieser Wildrosenart verdienen Beachtung. Die im September/Oktober an den Sträuchern erscheinenden Hagebutten sind mindestens ebenso schön und auffällig. Durch ihre Größe (5–6 cm), ihre flaschenförmige Gestalt, besonders aber wegen ihre dunkelorangerote Farbe machen sie schon von weitem auf sich aufmerksam. *Rosa moyesii* ist eine Wildrose, die aufgrund ihres lockeren Wuchses und ihrer Größe (bis 3 m) viel Platz benötigt. Daher eignet sie sich ideal zur Belebung größerer Freiflächen. Genausogut paßt sie aber zu anderen Ziersträuchern. Man kann sie auch wirkungsvoll in den Hintergrund niedrigerer Rosen- oder Staudenbeete pflanzen.

Auch *Rosa moyesii* wurde in der Vergangenheit zu Kreuzungen mit anderen Rosen herangezogen. Eine kleine Auswahl der dabei entstandenen Sorten wird im folgenden beschrieben. 'Highdownensis' ist eine frostharte und gesunde Strauchrose, die sich im Juni mit hellkarminroten, einfachen Blüten schmückt. Während 'Highdownensis' buschigere Sträucher als die Art bildet und dabei Wuchshöhen von etwa 2 m erreicht, erinnern zumindest ihre Hagebutten in Form und Farbe an ihre Ahnin. 'Nevada' (Bild) ist eine Sorte des spanischen Züchters Dot aus dem Jahre 1927. Mit ihren großen, weißen bis cremefarbenen Blüten (∅ 10 cm) und einem reichen Flor im Juni sowie einem schwächeren im Herbst zieht sie die Blicke auf sich. 'Nevada' wächst buschig bis leicht überhängend und formt Sträucher von 2–2,5 m Höhe und Breite. 'Marguerite Hilling' ist durch Mutation aus der Sorte 'Nevada' hervorgegangen und hat deren große, leicht gefüllte Blüten (∅ 10 cm) geerbt. Ab Juni und gelegentlich auch im Herbst überziehen sie in überaus großer Fülle die 1,5–2 m hohen und breiten, leicht überhängenden Sträucher und beleben sie durch ihre karminrosa Farbe.

ROSA MULTIFLORA

VIELBLÜTIGE ROSE

Die Vielblütige Rose ist in China, Japan, Korea und Taiwan heimisch. Im Jahre 1862 wurde sie nach Europa eingeführt und dort seitdem vielfach zur Züchtung neuer Rosensorten (Kletter-, Strauch- und Beetrosen) herangezogen. Sie selbst findet aufgrund ihres ausgesprochen kräftigen Wuchses nicht nur als Strauch (Hecke!) oder Bodendekker, sondern auch als Kletterpflanze Verwendung. Wegen ihrer relativ hohen Schattenverträglichkeit gedeiht sie sogar unter Bäumen oder an anderen weniger hellen Plätzen. Die bis zu 4 m langen braun- oder rot-grünen Triebe der *Rosa multiflora* verzweigen sich stark und bilden

schnell ein nahezu undurchdringliches Gebüsch. Ihr oberseits glänzend grünes Laub behalten sie normalerweise bis in den Winter hinein. Sogar den ganzen Winter über bleiben die nur erbsengroßen, roten Hagebutten an den Sträuchern. Nicht allzu lange kann sich der Rosenliebhaber an den zahlreichen weißen, kleinen Blüten (∅ 2 cm) erfreuen. Denn diese schmükken, in dichten Doldenrispen zusammensitzend, die Pflanzen nur in der Zeit von Juni bis Juli und verbreiten dabei ihren süßlichen, honigartigen Duft.
Auch das Erbgut der *Rosa multiflora* findet sich in vielen älteren und neueren Rosensorten wieder. 'Crimson Rambler' ist vermutlich eine Mutante oder Hybride der *Rosa multiflora cathayensis* (Bild) und wurde 1878 in Japan entdeckt. Ihre kleinen, dichtgefüllten und leuchtend karminroten Blüten bilden große, kegelförmige Blütenstände. Das hellgrüne Laub glänzt ledrig und bekleidet die 5–6 m langen Triebe dieser sehr wüchsigen Sorte. Bei der Sorte 'The Garland' (1835) handelt es sich um eine einmal- und sehr reichblühende Kletterrose mit bis zu 5 m langen Trieben. Ihre leicht gefüllten, angenehm duftenden Blüten schimmern gelblich-weiß bis rosafarben und sitzen in großen Blütenständen zusammen. Ihnen folgen zahlreiche kleine, rote Hagebutten. 'Veilchenblau' (1909) ist eine ebenfalls einmal- und reichblühende sowie kletternde Sorte, deren zahlreiche, grüne Triebe fast stachellos sind und 3–4 m lang werden. Die unzähligen kleine Blüten (∅ 3 cm) sind lokker gefüllt, bilden dekorative, große Blütenstände und verbreiten einen leichten Duft. Die Blütenfarbe ist ein Purpurviolett mit weißer Mitte, das sich beim Verblühen leicht gräulich-blau verfärbt.

ROSA NITIDA

GLANZBLÄTTRIGE ROSE

Die Glanzblättrige Rose stammt aus dem Osten Nordamerikas, wo sie an feuchten Standorten wie zum Beispiel Seen, Bachläufen und Sümpfen anzutreffen ist. Auch hierzulande gedeiht sie sehr gut auf feuchten Böden, wächst aber genauso gut an trokkeneren Standorten. Mit ihren 50–75 cm Wuchshöhe gehört diese Art zu den kleinsten unter den Wildrosen. Starke Ausläuferbildung verhilft ihr dazu, sehr dichte und kompakte Büsche zu formen und macht sie zu einer idealen Hecken- und Böschungspflanze. Ihre rötlichen Triebe sind mit vielen kurzen Borsten sowie wenigen schlanken Stacheln besetzt und tragen schmale, dunkelgrüne Laubblätter, die oberseits stark glänzen. Nicht nur wegen dieses Glanzes, sondern vor allem wegen der purpurfarbenen bis braunroten Herbstfärbung des Laubes wird *Rosa nitida* sehr geschätzt. Die Blüten (∅ 4–5 cm) sind einheitlich rosafarben und verbreiten einen leichten, an Maiglöckchen erinnernden Duft. Einzeln oder zu wenigen zusammensitzend blühen sie von Juni bis Juli und werden bald von kugeligen, leicht borstigen Hagebutten in scharlachroter Farbe abgelöst.

ROSA OMEIENSIS 'PTERACANTHA'

STACHELDRAHTROSE

Diese Rose wurde nach dem Berg Omei in der chinesischen Provinz Szechwan benannt. Stacheldrahtrose heißt sie wegen ihrer großen, flachen, flügelartigen Stacheln, die vornehmlich an jungen Trieben leuchtendrot gefärbt und durchscheinend sind. Die schlichten weißen Blüten sind eine weitere Eigenart dieser Wildrose, da sie sich in der Regel aus nur vier Blütenblättern zusammensetzen (andere Wildrosenblüten sind fünfzählig). Die Omei-Rose zählt zu den sehr reich- und frühblühenden Rosen, Blühmonate sind Mai und Juni. Ab Juli hängen dann kleine (∅ 1 cm), glänzend rote Früchte an den Sträuchern, die aber schon bald wieder abfallen. Die Laubblätter setzen sich bei dieser Rose aus 9–11 kleinen Fiederblättchen zusammen, die eine glänzende Oberseite besitzen. Ihre Farbe ist anfangs hellgrün, später mittelgrün. *Rosa omeiensis* 'Pteracantha' ist eine äußerst dekorative, 2–4 m hohe und breite Rose, die besonders als Einzelstrauch gut zur Geltung kommt. Allerdings muß man dabei ihrem großen Platzbedarf Rechnung tragen.

ROSA PENDULINA

ALPENROSE

Die Alpen- oder Alpenheckenrose, ist eine Wildrose, deren natürlicher Verbreitungsraum in den Gebirgen Mittel- und Südeuropas liegt und die seit 1683 kultiviert wird. Sie ist eine »Kletterin« unter den Wildrosen, da sie zum Beispiel in den Alpen noch in 2500 m Höhe wächst, wo sie dann allerdings meistens nicht viel größer als 50 cm wird. In flacheren Regionen bildet sie im allgemeinen aufrechte Sträucher, deren Wuchshöhe bei etwa 2 m liegt. An den grün oder rötlich gefärbten und in der Regel stachellosen Trieben sitzen von Mai bis Juni dunkelrosa- bis purpurfarbene und leicht duftende Blüten (∅ 3–5 cm). Zumeist stehen sie einzeln oder sie sind in Gruppen bis zu 5 Blüten angeordnet. Ab Juli sind es dann die dekorativen und stark Vitamin C-haltigen Hagebutten, die mit ihrer leuchtend hellroten Farbe und der ei- bis flaschenförmigen Gestalt auffallen. *Rosa pendulina* ist eine gut schattenverträgliche Wildrose, die in lichtem bis vollem Schatten ebenso gedeiht wie an sonnigen Standorten. Wird sie an einen schattigen Platz gepflanzt, so verlängert sich ihre Blütezeit oftmals bis in den August hinein.

ROSA PIMPINELLIFOLIA

DÜNENROSE, BIBERNELLROSE

Die Bibernell- oder Dünenrose pflanzte man schon vor 1600 in europäischen Gärten an. Eine besondere Eigenschaft dieser Rose besteht darin, viele Ausläufer zu bilden. Deshalb verwendet man sie, wie auch ihre zahlreichen Varietäten und Sorten, noch heute zur Dünenbefestigung oder zur Bepflanzung von Böschungen. Aber auch als Einzelstrauch im Hausgarten oder als dichte Hecke eignet sich diese Rose vorzüglich. Ihre kleinen, einfachen Blüten (∅ 4–5 cm) mit fünf Blütenblättern schimmern weiß bis gelblich und bisweilen auch schon einmal leicht rosafarben. Diese zierlichen, leider nicht duftenden Blüten sitzen sehr zahlreich, aber einzeln an kurzen Seitenzweigen. Schon früh im Mai/Juni setzt der Blütenflor dieser Rose ein, so daß schon ab Juli die flach kugeligen und tiefviolett bis schwarz gefärbten Hagebutten an den Sträuchern erscheinen. Die Dünenrose gilt als eine sehr robuste und frostharte Art, die kompakte, aufrecht bis leicht überhängend wachsende Sträucher von 1–2 m Höhe und etwa 1,2 m Breite bildet. Ihre dünnen, dicht mit Stacheln und Borsten besetzten Triebe tragen mittelgrünes, mattes, recht zierliches Laub.

'Frühlingsanfang' ist eine einmalblühende, starkwüchsige Sorte und erreicht Wuchshöhen von bis zu 3 m. Ihre schalenförmigen Blüten (∅ 10 cm) schimmern in milchweißem Farbton, der sich von dem dunkelgrünen Laub gut abhebt. Die Blüten sind ungefüllt und verbreiten einen angenehmen Duft. Im Herbst werden die buschigen Sträucher von rotbraunen Hagebutten geschmückt. 'Frühlingsduft' ist eine kräftig duftende Strauchrose, blüht mitunter öfter im Jahr und schmückt dann ihre rundlichen Sträucher mit dicht gefüllten Blüten (∅ 10 cm), die rosarot und in der Mitte gelblich verfärbt sind. Ein weiteres Merkmal dieser Rose, die 2–3 m hoch wird, sind ihre großen, derben Laubblätter. 'Frühlingsmorgen' ist eine einmalblühende Rosensorte mit karminrosa Blüten (∅ 10–11 cm). 'Golden Wings' entstand 1956 und gilt als besonders wertvolle, moderne Strauchrose. Sie hat einfache, sehr große, duftende Blüten (∅ 12 cm) in schwefelgelber Farbe, die von auffälligen, orangeroten Staubgefäßen geschmückt werden. 'Maigold' entstand 1953. Der Name dieser Sorte ist ein Hinweis auf ihre frühe Blütezeit. Die locker gefüllten Blüten (∅ 10 cm) erscheinen an jüngeren Sträuchern nur im Mai, während ältere Pflanzen im Herbst noch einmal nachblühen. Die überaus zahlreichen, goldgelben Blüten sind leicht orangefarben angehaucht und verströmen einen starken, angenehmen Duft. 'Maigold' verfügt über gesundes, glänzendes Laub und gilt als starkwüchsige Sorte (2–2,5 m). Die Sträucher wachsen leicht überhängend.

ROSA PISOCARPA

ERBSENFRÜCHTIGE ROSE

Das westliche Nordamerika – von Nordkalifornien bis Britisch Kolumbien – ist die Heimat dieser Wildrose. Sie gelangte gegen Ende des letzten Jahrhunderts nach Europa. Wegen ihrer kleinen, rundlichen Hagebutten (∅ 7–10 mm), die manchmal kurze Hälse aufweisen und orange gefärbt sind, wird sie oft als »Erbsenfrüchtige Rose« bezeichnet. Ihre buschigen Sträucher erreichen Wuchshöhen von 2–2,5 m und setzen sich aus dünnen Zweigen zusammen, die keine oder nur wenige Stacheln aufweisen. In der Regel neigen sich die Triebe leicht und graziös herab und bilden dadurch mit ihrem oval geformten Laub eine schöne Kulisse für die recht zierlichen Blüten (∅ 2–3 cm). Die Farbe dieser zu 1–5 in Doldenrispen zusammensitzenden Blüten ist ein sanftes Lila bis Rosa. Die Blütezeit reicht von Juni bis in den August hinein, so daß man sich normalerweise recht lange an den zarten Blüten freuen kann. Da *Rosa pisocarpa* sehr stark zur Bildung von Ausläufern neigt, kann man sie gut zur Befestigung von Böschungen oder als Heckenpflanze verwenden. Aber auch mit anderen Ziersträuchern bildet sie harmonische Pflanzgemeinschaften.

ROSA X RICHARDII

HEILIGE ODER MUMIENKRANZ-ROSE

Diese auch *Rosa sancta* genannte Art, ist eine der wenigen Wildrosen, deren Heimat auf dem afrikanischen Kontinent liegt, und zwar in Äthiopien. Ihr Zweitname ist darauf zurückzuführen, daß sie häufig in der Nähe von Kirchen und Klöstern zu finden ist und sie zwischen dem 2. und 5. Jahrhundert v. Chr., zu Kränzen geflochten, die Köpfe ägyptischer Mumien geschmückt haben soll. Darüber hinaus soll diese Rose auf einem Fresko im Palast von Minos auf Kreta, das zwischen 2000 und 1700 v. Chr. geschaffen wurde, zu sehen sein. Es handelt sich hierbei um die älteste bekanntgewordene Rosendarstellung. Mit ihren zartrosa gefärbten Blüten (∅ 5–7 cm), die im Juni erscheinen und in kleinen Dolden zusammensitzen, wird die Heilige Rose sicherlich auch heute noch die Phantasie eines Künstlers anregen können. Sie wächst mit ihren grünen und sehr stacheligen Trieben zu rundlichen Sträuchern heran, die durch ihre geringe Wuchshöhe (50–70 cm) sehr zierlich wirken. Das Laub besteht bei dieser Wildrose aus 3–5 stumpfgrünen Blättchen, die oberseits leicht runzelig aussehen.

ROSA ROXBURGHII

KASTANIENFRÜCHTIGE ROSE

Das wohl hervorstechendste Merkmal dieser in Japan und China heimischen Wildrosenart sind ihre ungewöhnlichen Früchte. Diese sind sehr stachelig, grün gefärbt und erinnern in ihrer flach-kugeligen Form an kleine Kastanien – daher auch der Name. Leider zieren die Hagebutten die Sträucher nicht allzu lange, da sie meist bereits im August abfallen. Eine weitere Eigenart ist die graufarbige Rinde der älteren Triebe, die jedes Jahr erneut abblättert. Neben ihren außergewöhnlichen Hagebutten und der auffälligen Rinde hat diese Art außerdem ein sehr schönes, zierlich wirkendes Laub. Die Blätter setzen sich aus 7–15 länglichen, nur 1,5–2,5 cm langen Fiederblättchen zusammen und bilden in ihrer Feinheit einen harmonischen Hintergrund für die zartrosa gefärbten, schwach duftenden Blüten (∅ 5–6 cm). Diese blühen im Juni und sind gefüllt, während der Wildtyp, die erst 1908 entdeckte *Rosa roxburghii* f. *normalis*, einfache Blüten trägt. Diese sparrig wachsende Wildrose erreicht in der Regel Wuchshöhen von 2–2,5 m.

ROSA RUBIGINOSA

WEINROSE,
SCHOTTISCHE ZAUNROSE

Die natürlichen Verbreitungsräume dieser seit 1770 in Kultur befindlichen europäischen Wildrose, die auch als Weinrose oder Schottische Zaunrose bekannt ist, erstrecken sich bis zum 61° nördlicher Breite. Eine Besonderheit der Weinrose ist ihr nach Äpfeln duftendes Laub, das seinen angenehmen Duft vorzugsweise in warmer, feuchter Sommerluft oder aber beim Zerreiben der Blätter abgibt. Mit seiner dunkelgrünen Farbe bildet das Laub einen schönen Kontrast zu den rosaroten, kleinen Blüten (∅ 3 cm), die einzeln oder maximal zu dritt, auf kurzen Blütenstielen sitzend, den Strauch zieren. Die Blütezeit liegt zumeist im Juni. Auffälliger als die Blüten sind die eiförmigen, scharlachroten Hagebutten. In großer Zahl schmücken sie im Herbst (August–November) die starkwüchsigen Sträucher, deren Triebe aufrecht bis leicht überhängend wachsen und Wuchshöhen von bis zu 2,5 m erreichen. Die Weinrose ist eine Wildrose, die einen hohen gärtnerischen Zierwert besitzt. Sie eignet sich hervorragend sowohl als Solitärpflanze als auch für Gruppenanpflanzungen. Daneben ist sie eine vorzügliche Heckenpflanze, die mit ihren stark bestachelten Trieben und Ästen auch Vögeln einen ausgezeichneten Schutz vor Feinden bietet. Die schon seit über 400 Jahren kultivierte *Rosa rubiginosa* wird seit etwa 1890 für Züchtungen benutzt. Bei den folgenden Sorten handelt es sich um frühe sowie um neuere Züchtungen. ‘Amy Robsart‘ (1894) ist eine einmalblühende Sorte mit halbgefüllten, tiefrosafarbenen, leicht duftenden Blüten. Die Sträucher werden 2–3 m hoch, tragen aromatisch duftendes Laub und im Herbst viele scharlachrote Hagebutten. ‘Goldbusch‘ (1954) ist eine einmal- aber reichblühende Sorte und hat locker gefüllte, goldgelbe und zart duftende Blüten (∅ 10 cm). ‘Goldbusch‘ wächst zu etwa 2 m hohen und breiten Sträuchern heran, die glänzendes, hellgrünes Laub schmückt. ‘La Belle Distinguée‘ ist eine dichtbuschig und aufrecht wachsende Rose mit duftendem Laub, die 1–1,3 m hoch wird. Einmal im Jahr erscheinen kleine, gefüllte und leuchtend karminrote Blüten an den Sträuchern, die von scharlachroten Hagebutten abgelöst werden. ‘Lord Penzance‘ (1894) ist eine Kreuzung zwischen *Rosa rubiginosa* und *Rosa* x *harisonii*. Sie besitzt zart lachsfarbene, einfache Blüten mit einer hellgelben Mitte, die wie die kleinen Laubblätter leicht süßlich duften. Die einmalblühenden, stacheligen Sträucher erreichen Wuchshöhen von etwa 2 m (im Bild die Sorte ‘Magnifica‘).

ROSA X RUGA

Diese Wildrosen-Hybride ist zu Beginn des 19. Jahrhunderts in Italien entstanden. Es wird vermutet, daß sie das Ergebnis einer Kreuzung zwischen *Rosa arvensis*, der europäischen Feldrose, und einer der beiden asiatischen Rosen *Rosa chinensis*, Bengal-Rose, bzw. *Rosa odorata*, der Teerose, ist. Für die Beteiligung der Teerose an der Entstehung dieser Hybride spricht der starke typische Tee-Duft, den die Blüten verbreiten. Diese sind weißlich bis hellrosa gefärbt, mittelgroß (∅ 4–6 cm) und ballartig geformt. Die Blüten sind locker mit Blütenblättern angefüllt und sitzen in großen endständigen Doldenrispen zusammen, die genauso wie die Blüten einen lockeren Aufbau zeigen. Von Juni bis Juli schmückt sich diese Wildrose mit zahllosen ihrer Blütenbälle, bevor dann in seltenen Fällen noch kugelige, rote Hagebutten an den Sträuchern ausgebildet werden. *Rosa* x *ruga* zählt zu den kletternden Wildrosenarten. Ihre starkwüchsigen und mit hakigen Stacheln versehenen Triebe erreichen 2–4 m Länge. Aufgrund ihrer ausgeprägten Frosthärte läßt sich die Rose auch in kühleren Klimaten zur Begrünung von Mauern, Hauswänden usw. einsetzen.

ROSA RUGOSA

KARTOFFELROSE

Die Kartoffelrose stammt von der Ostküste Asiens und wurde 1796 von Japan aus nach Europa gebracht. Dort verwilderte sie schon bald und ist mittlerweile in vielen Gebieten heimisch geworden. Sie ist die wohl widerstandsfähigste aller Rosen, besitzt eine sehr große Frosthärte, eine hohe Salzverträglichkeit und gedeiht auch auf sandigen, nährstoffarmen Böden gut. Ihren Namen »Kartoffelrose« hat sie aufgrund ihres derben, runzeligen Laubes erhalten, das auf der Oberseite glänzt und sich im Herbst rötlich-gelb verfärbt. Von Juni bis in den Herbst hinein erscheinen immer wieder rosarote, einfache Blüten (∅ 6–9 cm) an den Sträuchern und verbreiten einen leichten, angenehmen Duft. Bereits ab Juli/August reifen dann die ersten roten und flachkugelig geformten Hagebutten, die sich aufgrund ihres großen Fruchtmarkanteils und ihres hohen Vitamin C-Gehaltes sehr gut verwerten lassen. *Rosa rugosa* ist eine ausläufertreibende Rosenart, ihre Triebe sind sehr stark mit Stacheln und Borsten besetzt und formen dichtbuschige Sträucher von 1–2 m Höhe. Als Hecken- und Böschungspflanze läßt sich die Kartoffelrose ausgezeichnet verwenden, daneben ist sie aber auch ein dekorativer Einzel- und Gruppenstrauch.

Die zahlreichen, sehr unterschiedlichen Hybriden von *Rosa rugosa* erfreuen sich immer größerer Beliebtheit. 'Conrad Ferdinand Meyer' ist eine öfterblühende, starkwüchsige Sorte, die bis 3 m hoch und 1–2 m breit wird. Ihre dicht gefüllten, stark duftenden Blüten (∅ 10–12 cm) sind silbrigrosa gefärbt und erinnern an Edelrosenblüten. Sie eignet sich hervorragend als Solitärpflanze! 'F. J. Grootendorst' ist eine Vertreterin der »Nelkenrosen«, die alle nelkenartig gefranste Blütenblätter aufweisen, aber leider nicht duften. Die dunkelblutroten Blüten (∅ 3–4 cm) sind locker gefüllt und sitzen in dichten Büscheln an aufrecht wachsenden Sträuchern, die 1–1,5 m hoch und breit werden. Weiterhin gibt es eine rosablühende Nelkenrose 'Pink Grootendorst' sowie die weißblühende Sorte 'Weiße Nelkenrose'. 'Robusta' hat blutrote, einfache Schalenblüten mit leichtem Duft. Sie gehört zu den reich- und öfterblühenden Rosen.

ROSA X RUGOTIDA

Diese Wildrosenhybride ist durch Kreuzung der asiatischen *Rosa rugosa* und der aus Amerika stammenden *Rosa nitida* entstanden und im Jahre 1950 von der niederländischen Baumschule Darthuis in den Handel gebracht worden. Der auffällige Glanz und die rostrote Herbstfärbung sowie die elliptische Form des Laubes erinnern deutlich an *Rosa nitida*. Die leicht runzelige Oberfläche der Blätter sowie deren dunkelgrüne Farbe dürften eher auf den Einfluß von *Rosa rugosa* zurückgehen. Dies gilt auch für die starke Bestachelung der Triebe und die flachkugelige Form der Früchte (∅ 1–1,5 cm). *Rosa* x *rugotida* bildet viele Ausläufer und wächst mit ihren vergleichsweise zarten Ästen zu aufrechten Sträuchern von 1–1,5 m Höhe heran. Im Juni/Juli bringt sie ihre karminrosa gefärbten Blüten (∅ 5–6 cm) hervor, die einzeln oder zu wenigen zusammen an kurzen Seitentrieben sitzen. Aufgrund ihrer starken Ausläuferbildung und ihrer relativ hohen Salzverträglichkeit wird die Rose häufig in öffentlichen Grünanlagen verwendet. Wenn sie genügend Standraum hat, wird diese schöne, winterharte Wildrosenhybride auch in Ihrem Garten für farbenfrohe Abwechslung sorgen.

ROSA SERAFINII

Diese Wildrose ist eine enge Verwandte der *Rosa rubiginosa* und stammt aus dem Mittelmeerraum (Korsika, Italien, Bulgarien, Jugoslawien), wo sie bevorzugt in niederschlagsarmen Felsgebirgen wächst. Seit 1914 wird sie auch in Gärten kultiviert. Bei ihr handelt es sich um eine recht schwachwüchsige Wildrose, deren dicht verzweigte Sträucher in der Regel lediglich 30–80 cm, höchstens aber 1 m hoch werden. Für kleinflächige Gärten oder Anpflanzungen (zum Beispiel mit anderen kleinwüchsigen Pflanzen in einem Stein- oder Heidegarten) dürfte *Rosa serafinii* also geradezu prädestiniert sein. Die Triebe dieser nicht ausläufertreibenden Rose sind dicht mit kurzen, dicken und normalerweise hakenförmigen Stacheln besetzt. Außerdem tragen sie dekoratives, stark glänzendes Laub, das sich aus 7–11 eirundlichen, am Rande gesägten Fiederblättchen zusammensetzt. Die einfachen, weißlich-rosafarbenen und sehr kleinen Blüten (∅ 2–3 cm) sitzen auf ungewöhnlich kurzen Blütenstielen und blühen bereits im Mai. Im Herbst werden die zierlichen Sträucher dann von kleinen, eirunden Hagebutten geschmückt (∅ 8–12 mm), die scharlachrot gefärbt sind.

ROSA STELLATA VAR. MIRIFICA

SACRAMENTO-ROSE

Diese Wildrose ist ein Abkömmling der *Rosa stellata*, der Rose mit den kleinsten Blüten (∅ 1,2 cm). Wie diese ist sie in weiten Gebieten von Neu-Mexiko, Arizona und Texas heimisch. Die Sacramento-Rose ist eine ungewöhnliche Rose, die in gewisser Weise an Stachelbeersträucher erinnert. Besonders die kleinen, borstigen und rundlichen Hagebutten (∅ 1,5–2 cm) erwecken durch ihre Gestalt und die stumpfrote Farbe den Eindruck, daß es sich bei ihnen um Stachelbeeren handeln könnte. Neben den Früchten hat das zierliche Laub eine starke Ähnlichkeit mit dem eines Stachelbeerstrauches. In jeder Weise typisch für eine Rose sind hingegen ihre dunkelrosa- bis lilafarbigen Blütensterne (∅ 4–6 cm). Sie entspringen aus borstigen Knospen und erfreuen durch ihre lange Blütezeit von Juni bis September. Damit man auch möglichst lange Freude an dieser Wildrosen-Kuriosität hat, sollte man ihr einen möglichst warmen, trockenen Standort auf durchlässigem Boden geben. Die bei uns winterharte *Rosa stellata* var. *mirifica* ist eine kleinwüchsige Rosenart, die bis 1 m hoch wird.

ROSA SWEGINZOWII 'MACROCARPA'

Diese Sorte ist eine Auslese der aus Nordchina stammenden Wildart *Rosa sweginzowii*, die im Jahre 1909 nach Europa gelangte. Im Rosarium Sangerhausen in der ehemaligen DDR gelang dem dortigen Rosengärtner Vogel 1945 die Selektion der äußerst dekorativen Sorte 'Macrocarpa', die zu den schönsten fruchttragenden Wildrosen gehört. Tatsächlich springen die Büschel ihrer 5 cm langen, dikken, flaschenförmigen Hagebutten mit ihrer intensiv roten Farbe dem Betrachter schon von weitem ins Auge. Aber nicht nur die fruchttragenden, sondern auch die in Blüte stehenden Sträucher sind eine Augenweide für jeden Rosenliebhaber. Mit ihren leuchtend rosa bis karminrot gefärbten Blüten (∅ 4–6 cm) sorgen sie im Juni für eine wunderschöne farbliche Belebung ihrer Umgebung. Der faszinierende Gesamteindruck dieser Rose wird durch das zierliche, im Austrieb hellgrüne Laub sowie durch den bogig überhängenden Wuchs ihrer Triebe auf besonders schöne Weise unterstrichen. Die Triebe sind mit vielen Stacheln besetzt und formen stark verzweigte, 3 m hohe Sträucher.

ROSA VILLOSA

APFELROSE

Die Apfelrose stammt vor allem aus den gebirgigen Regionen Europas und Vorderasiens, wo sie teilweise sogar bis in 2000 m Höhe zu finden ist. Früher wurde sie vielerorts wegen ihrer zahlreichen großen Hagebutten angepflanzt, die einen hohen Vitamin C-Gehalt aufweisen. Die kugelig-länglichen und bereits im August reifenden Früchte sind zudem durch ihre leuchtend dunkelrote Farbe ein außergewöhnlich auffälliger Schmuck der Sträucher, der schon von weitem ins Auge fällt. Daher eignet sich diese Wildrose besonders gut zur optischen Auflockerung einer weitläufigen Fläche, aber auch zur Kombination mit anderen Sträuchern, die zum Beispiel keinen so farbenfrohen Herbstschmuck tragen. *Rosa villosa* bildet mit ihren anfangs rötlichen, bereiften Trieben gedrungene und dichtbuschige Sträucher von bis zu 2 m Höhe. Ihre rosafarbenen, bis 5 cm breiten Blüten erscheinen von Juni bis Juli einzeln, zu zweit oder höchstens zu dritt an den meist kurzen Ästen dieser Rose. Der Hintergrund für die Blüten wird von den leicht nach Harz duftenden Laubblättern gebildet, die oberseits graugrün gefärbt und behaart sind.

ROSA VIRGINIANA

GLANZROSE

Die Glanzrose ist eine im östlichen Nordamerika heimische Wildrose. Angeblich hat sie bereits im 18. Jahrhundert als erste amerikanische Wildrose den Weg nach Europa gefunden. Der Name »Glanz-Rose« weist auf ihr stark glänzendes, dunkelgrünes Laub hin, das im Herbst gelblichrot leuchtet. Bevor aber das bunte Herbstlaub die Blicke auf sich lenkt, werden die Sträucher im Juni/Juli von zahlreichen hellrosafarbenen, einfachen Blüten (∅ 4–5 cm) überzogen, die leider nicht duften. Nachfolger dieser schlichten, aber schönen Blüten sind flach kugelige, rote und ebenfalls glänzende Hagebutten (∅ etwa 1,5 cm), die sehr lange, mitunter bis zum nächsten Frühjahr, an den Sträuchern hängen bleiben. Sie sorgen damit auch in der kargen Winterzeit für eine farbliche Belebung. *Rosa virginiana* ist eine mäßig stark wachsende Wildrose, deren Sträucher sich aus vielen locker verzweigten Trieben und zahlreichen Ausläufern zusammensetzen. Dabei erreichen sie eine Höhe von 1–1,5 m und eine Breite von etwa 1 m. Die Art eignet sich für Hecken-, Einzel- oder Gruppenpflanzung und gedeiht in der Regel auch auf ärmeren Böden sehr gut.

ROSA WICHURAIANA

WICHURA-ROSE

Ihren Name hat diese Rose von dem Deutschen M. E. Wichura erhalten, der sie in Japan entdeckte und nach sich benannte. Ihre Heimat liegt in Japan, Korea, Taiwan und Ostchina, von wo aus sie Ende des 19. Jahrhunderts nach Europa gebracht wurde. Seitdem wird sie viel zur Züchtung von Kletterrosen herangezogen. Bei ihr handelt es sich um eine halbimmergrüne Bodendecker- bzw. Kletterrose. Mit ihren 2,5–5 m langen, grünen Zweigen breitet sie sich schnell über eine freie Hauswand (Triebe anheften!) oder eine Beetfläche aus – je nachdem, für welchen Zweck sie vorgesehen ist. Die Triebe mit ihrem

dunkelgrünen, stark glänzenden Laub werden im Juli/August von zahlreichen, kleinen, einfachen Blüten (∅ 4–5 cm) überzogen. Diese sind in kegelförmigen Blütenständen angeordnet, öffnen sich nacheinander und duften leicht nach Klee. Die Blütenfarbe ist ein reines Weiß, vor dessen Hintergrund die goldgelben Staubgefäße besonders gut zur Geltung kommen. Je milder das Klima ist, desto eher bilden sich nach den Blüten auch noch eiförmige, tiefrote Hagebutten (∅ 1–1,5 cm) an den Sträuchern aus und reifen.

Bei den folgenden Sorten der *Rosa wichuraiana* handelt es sich um Kletterrosen, die oft auch als Trauerrosen angeboten werden – sie sind dann auf einen 140 cm hohen Stamm veredelt. 'Albéric Barbier' ist eine großblütige Sorte (∅ 8 cm), deren dicht gefüllte Blüten weiß gefärbt sind und in der Mitte gelblich schimmern. Vor dem stark glänzenden, dunkelgrünen Laub heben sich die angenehm duftenden Blütensterne besonders schön ab. 'Albéric Barbier' ist eine starkwüchsige Rose mit 5–6 m langen Trieben. Die ebenfalls starkwüchsige Sorte 'Albertine' (Höhe 2–4 m) wächst recht strauchig und kann daher, wenn man ihr genügend Platz zubilligt, nicht nur als Kletterrose, sondern auch als freistehender Strauch Verwendung finden. Ihre zahlreichen lachsrosafarbenen Blüten sind locker gefüllt und verbreiten einen starken, angenehmen Duft. 'American Pillar' ist eine einmal-, aber sehr reichblühende Sorte mit karminrosafarbenen, duftlosen Blüten, die in der Mitte weißlich aufgehellt sind und in ungewöhnlich großen Blütenständen zusammensitzen. Die biegsamen Triebe sind sehr dicht mit glänzendem Laub ausgestattet und erreichen Längen von 3–5 m.

Rosa willmottiae

Mrs. Willmott's-Rose

Der Name dieser aus Westchina stammenden Wildrose, die im Jahre 1904 nach Europa gebracht wurde, soll an die große englische Rosenliebhaberin und -sammlerin Ellen Willmott aus Essex erinnern. Diese sehr schöne Wildrose besitzt vom Laub über die Blüten bis hin zu den Hagebutten ihre Reize. Ihre Laubblätter setzen sich aus 7–9 rundlichen Blättchen zusammen und bilden mit ihrem frischen Grün eine ideale Kulisse für die purpurrosa gefärbten Blüten. In sehr großer Zahl sitzen diese recht kleinen und schwach duftenden Blüten (∅ 3 cm) im Mai/Juni an den etwas überhängenden Trieben und schmücken sie in ganzer Länge mit ihrem Farbenspiel. Im Spätsommer werden die Sträucher dann von leuchtend orangeroten und eiförmigen Hagebutten geziert. *Rosa willmottiae* wächst mit ihren in der Jugend braunrot gefärbten und bereiften, stacheligen Trieben zu dicht verzweigten Sträuchern von 2–3 m Höhe heran, die in manchen Gegenden Winterschutz benötigen. Als Einzel- oder Gruppenstrauch ist diese wunderschöne Wildrose bestens geeignet!

Rosa xanthina

Bei ihr handelt es sich um eine in Nordchina und Korea beheimatete Wildrose, die man dort in Gartenkultur entdeckte, bevor sie 1906 nach Europa gebracht wurde. Da sie halb- bis stark gefüllte Blüten besitzt, nimmt man an, daß sie eine Gartenform der einfach blühenden Wildart *Rosa xanthina* f. *spontanea* darstellt, die auch heute noch im nordchinesischen Hügelland vorkommt. Auch die Wildart hat goldgelbe Blüten. Bei *Rosa xanthina* werden die Blüten zudem von dekorativen, goldgelben Staubgefäßen geschmückt, die wie Kronen geformt sind. Die Blüten (∅ 4–5 cm), die normalerweise einzeln an den Sträuchern sitzen, blühen von Mai bis Juni. Die braun gefärbten Triebe haben dicke, gerade Stacheln und formen 1,5–3 m hohe, aufrechte Sträucher. Das Laub setzt sich aus 7–13 Fiederblättchen zusammen. Dieses vielblättrige, feine Laub hat die Art an die Sorte 'Canary Bird' vererbt, die vermutlich aus einer Kreuzung zwischen *Rosa xanthina* und *Rosa hugonis* hervorgegangen ist. 'Canary Bird' ist eine reich- und frühblühende Wildrose, die schwarzrote Früchte ausbildet, während die Sträucher der Art keine Hagebutten tragen (im Bild die Sorte 'Dura').

Register

Fettgedruckte Zahlen verweisen auf eine ausführliche Beschreibung, Sterne (*) auf Fotos oder Zeichnungen; die einzelnen behandelten Rosengruppen sowie allgemeine Sachkapitel sind unterstrichen.

LITERATURVERZEICHNIS

Bonar, A., 1987: Der Gartenpflanzendoktor. Franckh'sche Verlagsbuchhandlung, W. Keller & Co., Stuttgart

Coggiatti, S., 1988: Rosen. Delphin Verlag GmbH, München

Fördergesellschaft »Grün ist Leben«, 1984: BdB Handbuch Teil V Gehölzsortimente und ihre Verwendung. Fördergesellschaft »Grün ist Leben«, Pinneberg

Fördergesellschaft »Grün ist Leben«, 1986: BdB Handbuch Teil IV Rosen, 2. Aufl. Fördergesellschaft »Grün ist Leben«, Pinneberg

Genders, R., 1978: Die Rose. Albert Müller Verlag, Rüschlikon-Zürich

Gibson, M., 1978: Strauchrosen. Albert Müller Verlag, Rüschlikon-Zürich

Glasau, F., 1961: Rosen im Garten. Verlag Paul Parey, Hamburg, Berlin

Göritz, H., 1986: Laub und Nadelgehölze für Garten und Landschaft, 6. Aufl. VEB Deutscher Landwirtschaftsverlag, Berlin

Griffiths, T., 1988: The Book of Classic Old Roses. Mermaid Books, Michael Joseph Ltd., London – The Book of Old Roses. Mermaid Books, Michael Joseph Ltd., London

Grimm, H. und W. Grimm, 1987: Die Rosensammlung zu Wilhelmshöhe. Rosenkreis Kassel des Vereins Deutscher Rosenfreunde e. V. (VDR) und Verein Roseninsel Park Wilhelmshöhe, Kassel

Haenchen, E. und F. Haenchen, 1983: Das neue Rosenbuch. Deutscher Landwirtschaftsverlag DDR, Berlin

Hanisch, K. H., 1987: Die neue Rosenfibel. Verein Deutscher Rosenfreunde e. V. (VDR), Baden-Baden

Kordes, W., 1977: Das Rosenbuch. Verlag M. & H. Schaper, Hannover

Kreuzer, J., 1983: Kreuzers Gartenpflanzen-Lexikon Band 1. Kreuzer, Tittmoning

Krüssmann, G., 1974: Rosen Rosen Rosen. Verlag Paul Parey, Berlin und Hamburg

Kühn, G., 1989: Rosen und ihre Begleiter. Deutsche Baumschule 41 (3): 140–144

Noack, H., 1989: Wild- und Parkrosen. Verlag J. Neumann-Neudamm GmbH und Co. KG, Melsungen

Paterson, A., 1983: The History of the Rose. William Collins Sons and Co Ltd, Glasgow

Phillips, R. und M. Rix, 1988: Rosen. Droemersche Verlagsanstalt Th. Knaur Nachf., München

Saakov, S. G., 1976: Wild- und Gartenrosen. VEB Deutscher Landwirtschaftsverlag, Berlin

Scheerer, O., 1976: Rosen in unserem Garten. BLV Verlagsgesellschaft mbH München

Thomas, G. S., 1954: The Old Shrub Roses. Phoenix House Ltd, London

Woessner, D., 1987: Rosenkrankheiten. Eugen Ulmer, Stuttgart

Woessner, D., 1988: Rosen für den Garten. Eugen Ulmer, Stuttgart

Darüber hinaus wurden Kataloge der Firmen Bruns (Bad Zwischenahn) und Klose (Lohfelden) benutzt.

SEHENSWERTE ROSENANLAGEN UND -SCHAUGÄRTEN

Baden-Baden: Gönneranlage; Augustaplatz 2, D-7570 Baden-Baden
Bad Nauheim/Steinfurt: Rosen-Museum, Alte Schulstraße 1, D-6350 Bad Nauheim/ Steinfurt
Dortmund: Deutsches Rosarium VDR im Westfalenpark; Am Kaiserhain 25, D-4600 Dortmund
Dottikon: Schaugarten der Rosenbaumschule Richard Huber AG, CH-5605 Dottikon
Frankfurt: Palmengarten; Siesmayer-Str. 61, D-6000 Frankfurt
Kassel: Rosensammlung zu Wilhelmshöhe, Park Wilhelmshöhe, 3500 Kassel
Sangerhausen: Rosarium, Steinberger Weg 3, D-4700 Sangerhausen
Uetersen: Rosarium Uetersen, 2082 Uetersen

VEREINE

Verein Deutscher Rosenfreunde e. V. (VDR), Waldseestraße 14, D-7570 Baden-Baden
Österreicher Rosenfreunde über: Österreichische Gartenbaugesellschaft, Parkring 12/III 1, A-1010 Wien 1
Schweizer Rosenfreunde über: Dietrich Woessner, Nelkenstraße 12, CH-8212 Neuhausen

BEZUGSQUELLEN FÜR WILDROSEN

BKN-Strobel GmbH + Co KG, Wedeler Weg 62, D-2080 Pinneberg
Goos Baumschulen, Wieslocher Straße, D-6908 Wiesloch-Baiertal
Karl Hetzel, Am Stadion, D-7519 Oberderdingen
Richard Huber AG, CH-5605 Dottikon
Ingwer J. Jensen GmbH, Am Schloßpark 2 b, D-2392 Glücksburg
W. Kordes'Söhne GmbH & Co. KG, D-2206 Sparrieshoop
Manfred Meyer, Eckenheimer Landstraße, D-6000 Frankfurt (alles für die Rosenpflege)
Werner Noack, Im Fenne 45, D-4830 Gütersloh
Rosen-Tantau, Tornescher Weg 13, D-2082 Uetersen
Rosen-Union, Steinfurter Hauptstraße 25, D-6350 Bad Nauheim/St.
Walter Schultheis, Rosenhof, D-6350 Bad Nauheim/Steinfurt
Karl Zundel, Warburger Straße 2, D-3502 Vellmar

BILDNACHWEIS

Apel: 16, 59; Bärtels: 29 o., 29 u., 57, 62 l., 63 m., 65 r., 67 r., 68 u., 73 r., 74 r., 75 m., 76 m., 77 r.; Becker: 73 l.; Bünemann: U 1, 62 r.; Heitz: 44; Huber: 18 u., 66 l., 68 r., 75 r., 76 l., 77 l.; Jensen: 13, 23, 64 l., 69 r., 70 r., 72 m.; Reinhard: 8, 10, 11, 12 o., 14, 26 o., 27, 28, 35, 38, 51, 60, 64 r., 65 l., 66 m., 66 r., 70 m., 71 l., 71 r., 72 r., 75 l.; Stehling: 6, 12 u., 15, 18 o., 19, 24, 29 u. 31, 41, 69 l., 76 r.; Strauß: 2/3, 26 u., 64 m., 74 l.; Timmermann: 17 o., 17 u.; Tschakert: 48; Wetterwald: 63 r.; Zeltner: 68 l., 72 l.